湖北省教育学会"十四五"教育科学研究课题：根治学前教育"小学化"倾向研究，课题编号（C05-01）

U0656005

基于 CIPP 的幼儿象征性游戏评价研究

JIYU CIPP DE YOUER XIANGZHENG XING
YOUXI PINGJIA YANJIU

旭 红 著

中国海洋大学出版社

·青岛·

图书在版编目（CIP）数据

基于CIPP的幼儿象征性游戏评价研究/旭红著. --
青岛：中国海洋大学出版社，2022.4
ISBN 978-7-5670-3135-7

Ⅰ.①基… Ⅱ.①旭… Ⅲ.①游戏课—学前教育—教
学研究 Ⅳ.① G613.7

中国版本图书馆 CIP 数据核字 (2022) 第 070586 号

基于 CIPP 的幼儿象征性游戏评价研究

出 版 人	刘文菁		
出版发行	中国海洋大学出版社有限公司		
社　　址	青岛市香港东路 23 号	邮政编码	266071
网　　址	http://pub.ouc.edu.cn		
责任编辑	郑雪姣	电　　话	0532-85901092
电子邮箱	zhengxuejiao@ouc-press.com		
图片统筹	河北优盛文化传播有限公司		
装帧设计	河北优盛文化传播有限公司		
印　　制	三河市华晨印务有限公司		
版　　次	2022 年 9 月第 1 版		
印　　次	2022 年 9 月第 1 次印刷		
成品尺寸	170 mm × 240 mm	印　　张	12.25
字　　数	294 千	印　　数	1 ~ 1000
书　　号	ISBN 978-7-5670-3135-7	定　　价	78.00 元
订购电话	0532-82032573（传真）	18133833353	

发现印刷质量问题，请致电 18133833353 进行调换。

前 言

　　教育部办公厅关于开展 2017 年全国学前教育宣传月活动的通知,以"游戏——点亮快乐童年"为主题,确保《3—6 岁儿童学习与发展指南》(以下简称《指南》)得到有效落实,培养良好教育理念,定期开展多样性宣传活动,强调游戏在幼儿成长过程中的重要性,使家长及幼儿教师能够深刻意识到幼儿在游戏过程中也能增长知识,同时尽可能多地为幼儿创造游戏机会,引导其不断参与游戏过程,体验更多游戏的快乐。避免自身将关注重点始终停留在知识技能培训过程中,干扰幼儿参与游戏,电子产品取代游戏地位,将导致幼儿身心过早成熟,致使成人化特征显著。

　　幼儿园阶段是幼儿特殊的游戏期,游戏是幼儿的基本活动。从目前发展状况来看,我国学前教育活动开展过程中,针对相关理论的研究,始终将关注重点集中在独特价值创造方面,把游戏看作对幼儿进行全面发展教育的重要形式,主张和倡导幼儿园"以游戏为基本活动"。[①] 在众多幼儿游戏中,象征性游戏是幼儿典型的也是最常见的游戏形式。象征性游戏能够通过想象满足相关活动需求,同时将想象与实际有效融合,符合幼儿年龄特征,适合幼儿需要,在使幼儿的需要不断得到满足的同时,激发幼儿产生新的需要,促进幼儿的情绪、认知、语言、身体动作及社会性等各方面的发展。

　　全球范围内众多国家均开展课程评估体系改革活动,教育人文特征逐步体现出来,坚持以人为本发展理念,共同为满足和谐化发展需求打下坚实基础。21 世纪初,《幼儿园教育指导纲要(试行)》(以下简称《纲

――――――――――

[①] 刘焱.幼儿园游戏与指导 [M]. 北京:高等教育出版社,2012:13.

1

要》）正式颁布，强调作为幼儿园教育体系的重要组成单位，教育评估能够确保教育工作开展过程中所存在的有效性、适应性等问题得到全面解决，同时不断进行工作改善，确保对幼儿成长进行有效关注，从根本角度全面提升整体教育质量。新一轮课程改革评估活动开展强调理论与行动必须一致，而且突出甄别与选拔功能的重要性，进而在满足学生发展需求的基础上，使教职员工的实践能力得到有效锻炼；我国《幼儿园教师专业标准（试行）》（以下简称《专业标准》）中强调，幼儿园教师所具备的激励及评估水平往往可以对幼儿自主学习意识培养起到十分关键的影响作用。在相关激励政策的作用下，采用观察方式，确保相关实践工作价值全面体现出来。

因此，对幼儿象征性游戏进行评价不仅影响相关教育活动的开展，也是促进相关教学目标最终实现的重要方式，教师也能够满足自我成长发展需求。CIPP 模型提出了形成性评价思想，将评价的功能定位为改进导向。[①] 研究正是采用了以强调改进为主要目的、以决策为中心以社会效用为价值取向的 CIPP 教育评价理论模型，在充分融合相关发展理念基础上，对角色特征进行全面总结，以提高幼儿象征性游戏水平，促进幼儿的全面发展。

---

① Stufflebeam D L, Madaus G F, Kellaghan T. Evaluation models : viewpoints on educational and human resources evaluation [M]. Boston : Kluwer Academic Publisher, 2000 : 280.

CONTENTS
目 录

1

基于 CIPP 的幼儿象征性
游戏评价研究概述

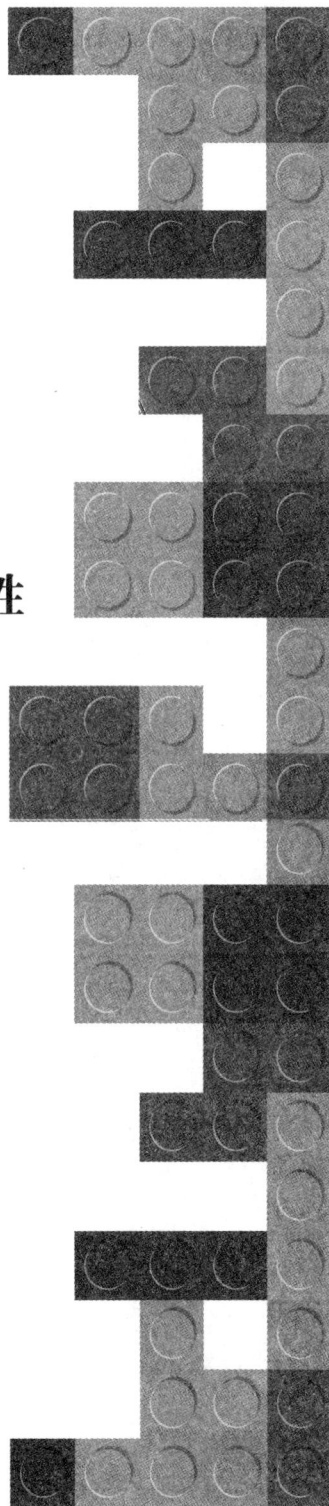

1.1　研究背景

　　游戏是幼儿的基本爱好，是影响幼儿发展的重要因素。幼儿从 2 岁开始，就从以往和成人协同游戏，发展到逐渐学会自己独自游戏或与同伴共同游戏；从最初的游戏必须依赖实物玩具，要求玩具的逼真性，发展到对实物的依赖性逐渐减少，可以在游戏中使用象征性动作或言语来代替真实的人和物及情境。从这一时期开始，象征性游戏逐渐成为幼儿游戏类型的主导形式。

1.1.1　象征性游戏是幼儿游戏的主要形式

　　象征性游戏是针对 2～6 岁的幼儿开展的相关游戏形式，这一时期的象征性游戏中出现了在婴儿的象征性游戏中所没有的角色扮演这一新的因素，使象征性游戏发生从"把一种东西当作另一种东西"，到"把一个人当作另一个人"的中心位移。当角色扮演元素形成后，相关游戏形式已经发生巨大改变，在引导行为作用下，逆向思维模式已经产生，这也是相关游戏活动开展的最终目标，角色意识培养对整个游戏活动而言往往十分关键。象征物、象征性动作围绕"人的活动"组织起来，成为一个有主题和情节的整体结构。由于人的活动固有的"社会性"特点，象征性游戏向着社会性活动转变，游戏的内容结构也十分复杂，以相应主题为核心，确保连贯性、完整性、逻辑性要求能够得到全面满足。①

　　幼儿在游戏中对角色、材料、动作、情景等的假装或假想的过程，有真诚的体验和追求逼真的表演。游戏尽管是在虚构，但却不违背真实生活的逻辑原则，幼儿自始至终都在遵守蕴含在关系中的内在规则，在游戏中的活动符合社会的规范和要求。因此，象征性游戏是虚构性和真实性的独特结合，是在想象的条件下创造性地反映真实生活，幼儿的主体性和想象活动构成了象征性游戏最主要的两个特征。在象征性游戏中，幼儿高度独立、自主，游戏的主题、情节、角色、材料、隐含的规则，

---

① 刘焱. 儿童游戏通论：第 2 版 [M]. 北京：北京师范大学出版社，2008：191-194.

都由幼儿依照自己的意愿、兴趣、经验、能力进行，在创造性的、自由的想象中，把游戏的虚构性和真实性巧妙地结合起来。

1.1.2 象征性游戏对幼儿发展具有特殊意义

象征性游戏的特点和结构决定了它对幼儿发展的特殊意义。象征性游戏中的"象征"主要是指一种特定的心理过程，在相关意识作用下，主体思想能够完全脱离现实，通过表象来取代实物思维，并利用不同语言服务对思维方式进行有效描述。相关发展阶段内，现实往往可以与想象有效融合，对于幼儿而言，参与游戏更容易收获快乐。相关因素一般在现实生活中无法得到全面体现，如在游戏中出现"乘公共汽车遇到老人要让座""取快递时要报手机尾号""只要生病就得打针"这类情况。象征性游戏开始成为真正反映幼儿的生活经验且具有社会意义的活动。

幼儿在充分认识到想象物与实物之间差异的基础上，象征意识已经初步形成。随着年龄层次不断提升，涉及象征操作过程中，可以敏感地体验到思想受刺激情况下所产生的事物与眼前事物存在一定隐喻关系，在不断进行思维模式塑造的过程中，确保实物价值可以充分体现出来。一般情况下，思维模式会随着经验累积而不断发展，在对事物表象进行全面阐述的过程中，事物描述能力也会全面增加，同时也可以为创造性思维模式建设打下坚实基础。幼儿的这些经验有些会随着年龄的增长逐渐得到修正并完善，但有些却会让幼儿形成不合适的甚至是错误的观念。象征性游戏中的各个环节都给幼儿提供了梳理和修正凌乱的不合适的经验的条件，促进幼儿形成完善的经验体系，帮助幼儿在游戏过程中逐渐适应社会生活，形成正确的价值观和判断是非的能力。[①]

1.1.3 象征性游戏评价是促进幼儿学习与发展的有效途径

《纲要》明确指出，评价旨在促进幼儿的发展，倡导评价的鼓励性和发展性，更多地强调幼儿在实际生活中的感受和体验，并指出平时观察过程中了解的幼儿行为及相关作品，该部分因素为评估活动开展打下了坚实基础。而且，在日常教育活动开展过程汇总，往往采用较为自然的方式开展相应评估活动。从时间维度分析，新课程改革活动必须充分强调过程的重要性，同时确保动态均衡发展需求得到相应满足；从功能维度分析，评估活动开展能够对教学工作起到一定促进作用，但教学并不

① 刘焱. 幼儿园游戏与指导 [M]. 北京：高等教育出版社，2012：307-308.

是以评估为目标，采取有效措施，将评估教学有效转化为教学评价；从价值取向维度分析，新课程改革活动开展将评估重点集中在主体价值取向方面。评估活动开展的最终目标不是为了获得结果，而是结果认同度达到预期目标要求，整个阶段内，能够获得对自身发展有利的因素往往是评估工作的最大价值。进入社会现代化发展阶段后，教育评估并不是为了证明教学成果，而是为了不断改善自身的不足之处。在新课程理念作用下，教育评估将带有较为显著的多元化、多样性发展特征。

同时，为保证我国学前教育发展，提高学前教育质量，《纲要》和《指南》等文件中的教育评价被看作幼儿教育中的重要部分，把"激励与评价"纳入教师专业素质管理范畴，强调要采用多样性方式开展幼儿评估活动，并根据评估结果完成后续教学方案制定。《专业标准》中强调的内容如下：首先，对幼儿的日常表现进行全面观察，善于发现幼儿的成长，通过激励政策实施，使幼儿保持健康的生理状态；其次，能够通过有效观察、联系等方式，客观地对幼儿进行评级；最后，确保评估结果效用全面发挥出来，同时为后续教学活动开展打下坚实基础。

幼儿游戏评价是幼儿园游戏实施的一个基本环节。丁海东认为，幼儿游戏评价的意义有两个方面：一是作为幼儿教育管理工作的重要内容，为检验、评价教师指导组织游戏的能力和效果，乃至全部教育活动的质量，提供科学依据；二是能够推动幼儿游戏的科学实施和开展。[1] 王坚红认为，幼儿游戏评价的作用体现为四个方面：一是了解幼儿游戏背景，为教师制订相关计划提供依据；二是了解幼儿获得的经验及存在的问题，能更细致、深刻地了解幼儿，以便于及时反馈并改进教育策略；三是及时了解游戏中幼儿的不同点，为个性化教育工作开展打下坚实基础；四是教师要不断对自身教育观、游戏观等进行全面反思，在持续优化过程中，确保自身专业水平能够有效提高。[2] 虞永平等提出了与王坚红类似的看法，并做了一定补充，认为通过幼儿游戏评价还可以"了解幼儿与幼儿课程目标相关的发展状况，以帮助教师判断幼儿达成目标的程度，以便今后调整目标，适应并促进幼儿的发展"。[3] 因此，幼儿象征性游戏评价作为幼儿游戏评价的重要组成部分，是促进幼儿学习与发展的有效途径。

① 丁海东.学前游戏论 [M].济南：山东人民出版社，2001：174–216.

② 王坚红.学前教育评价 [M].北京：人民教育出版社，2010：271–284.

③ 虞永平，张辉娟，钱雨，等.幼儿园课程评价 [M].南京：江苏教育出版社，2009：149–168.

1.1.4　当前幼儿象征性游戏评价的困境

对于西方部分幼儿教育机构传统理念而言，游戏是幼儿活动的重要形式。在与浪漫主义理念充分融合的基础上，以儿童为核心的教育理念逐步形成：游戏是幼儿生活的必需品，其可以将幼儿需求全面体现出来；同时，游戏也是一个幼儿学习的过程，即便离开成人的监督，其也能够自主参与到游戏活动中；幼儿在游戏中的实际表现往往是课程制定的主要参考依据，需要结合幼儿兴趣爱好适当对课程内容进行相应调整；教师要注重对幼儿注意力的培养；相关活动开展过程中，教师往往需要发挥观察或等待作用。重视儿童游戏的传统成为西方托幼机构课程生存和发展的独特的文化生态。

然而，随着幼儿教育在现代的发展，这一信条开始面临严重挑战。20世纪六七十年代以来，以婴幼儿的学习潜能为依据、以"智力开发"为舆论主导的"早期教育热"激发了研究者们对于婴幼儿早期教育持续而普遍的兴趣，托幼机构在帮助父母照看幼儿的传统功能之外已经成为重要的"早期教育机构"，家长对托幼机构的期望已经发生了根本性的改变。与日俱增的社会生存竞争压力促使社会将帮助幼儿为未来生活做好准备的功课提前到了幼儿入园接受教育阶段。"提前开始""越早越好""不输在起跑线"等观念成为现代社会对幼儿教育的普遍信条，期望幼儿学习与掌握原来只属于小学生学习的科学文化知识与技能，以读写算为特征的知识技能训练取代了以往的游戏，游戏开始从学前教育领域中大量退却。"望子成龙"心切的家长亦希望通过这种"提前开始"的方式使自己的孩子在人生竞争的跑道上占据时间优势，因此，以游戏为基础的幼儿园教育活动受到很多家长的质疑："我送孩子到幼儿园里来是受教育的，不是送他来玩的。你们为什么老让孩子玩？"面对来自家长的种种巨大压力，一些托幼机构不得不迎合家长的要求以保证自身的生存。①

同样的情况也存在于我国幼儿教育领域中。多年来，虽然在理论上一贯倡导应当重视幼儿游戏，甚至规定幼儿园应当"以游戏为基本活动"，但在幼儿园教育实践过程中始终存在一部分问题未能得到全面解决。例如：过分强调课堂重要性，忽略了游戏所具备的相关作用；教师在游戏设置过程中，缺乏对幼儿自主游戏意识的培养。传统发展阶段内，受相关教育理念影响，功利价值理念使游戏最终无法在教育活动开展过

① 刘焱.儿童游戏通论：第2版[M].北京：北京师范大学出版社，2008：3-5.

程中占有一席之地。可以说，游戏进入我国幼儿园课程的路途坎坷不平，象征性游戏作为幼儿游戏中的最典型、最基本的游戏，道路崎岖，困境重重。

综上所述，对幼儿象征性游戏评价的研究，既体现了幼儿全面发展的需要，反映了幼儿教师专业发展的要求，也顺应了我国当前幼儿教育评价发展的客观需求。

1.2　核心概念

按照概念界定的种属顺序和研究的主要内容，依照 CIPP 教育评价模型、象征性游戏、象征性游戏评价界定本研究的核心概念。

1.2.1　CIPP 教育评价模型

目前，大部分行业已经开始着重于使用 CIPP 评价模式，如教育评价、职业培训评价、专业的课程教学效果评价。CIPP 实际上就是背景评价（Context）、投入评价（Input）、过程评价（Process）、结果评价（Product）的英文缩写，因为这四者的特殊组成结合才有了这个特别的 CIPP 评价模式。[①] CIPP 模式强调对决策者提供信息的特点，使学前教育决策部门及其工作人员大大受益。无论是有经验者在做出新的决策时，还是缺乏经验者要了解情况以便做出相应的决策时，均可从中得到大量的信息。幼儿园的决策者希望使未来决策建立在充分信息的基础上，或希望有充分理由以否定采用某种方案之时，也可以采用 CIPP 模式。我国教育体制正在发生巨大变革，利用评价工具辅助决策的要求将日益明显。

1.2.1.1　CIPP 模型的背景

在历史长河里，我国已经有了教育评价，只是后期理论上的完善是在国外。[②] 国外对教育评价的理论与实践更加细致，它们经过了测量、描述、判断和建构等时代的交替阶段后，完善出了一套别具一格的教育评价模型，它们有着不同于以往的教育评价理论与体系，在行为目标模型、教育测量模型、应答模型、共同建构模型上更加突出。表 1.1 是国外教育

---

① Manivasakan R，Karandikar A，Desai U B. CIPP—a versatile analytical model for VBR traffic[J]. Performance Evaluation，2001，43（4）：269-291.

② 蔡晓良，庄穆. 国外教育评价模式演进及启示 [J]. 教育科学文摘，2013（3）：27-28.

评价理论模型的演进，在教育国家理论中起着重要的作用。①

表1.1　国外教育评价理论模型的演进

时　代	名　称	代表人物	时　间	典型模型	特　点
第一代	测量时代	桑代克	1900—1930 年	教育测量思想	教育测量
第二代	描述时代	泰勒、布卢姆	1930—1940 年	行为目标模型	目标导向
第三代	判断时代	斯塔克	1950—1970 年	应答模型	需求导向
第四代	建构时代	枯巴、林肯	20 世纪 70 年代	共同建构模型	协商共识导向

（1）测量时代的教育测量思想。桑代克，测量时代的代表人物，曾提出："只要是存在世间的东西，都是有数量的，只要是有数量就是可以测量的。"1900—1930 年，他推出的测量时代"测量"理论，被广为熟知并应用，为教育测量的客观化与标准化做出了巨大的贡献，教育评价思想的初始就是教育测量运动。但该理论有利必有弊，因为太过客观化与标准化的教育测量，导致了教育测量对象的范畴存在较大的限制，如情绪、情感、习惯无法进行精准的量化，因此，出现了在批评集成教育测量和使用主语教育思想上行为目标向导的教育评价理论模式。

（2）描述时代的行为目标模型。描述时代的行为目标模型是著名的心理学家、教育评价之父泰勒提出的，这一模型在现代的西方评价中属于最早且最具影响力的评价理论模型，由此可知行为目标模型的重要性。对于教育行为导向模型来说，教育目标实现的程度介于教育评价与判断过程之间，不但把教育目标当作教育的依据和过程，还当作教育活动实践目标的过程，致使教育目标、过程和评价形成了死循环。泰勒对控制与预测投以较高关注，他也是第一次采用系统方式进行相应应用的研究人员。在学生和同事的共同努力下，他完成了目标分类理论建设，同时确保目标可操作性需求得到相应满足。现阶段，该部分理论已经包含较为广泛的发展领域，同时也为教育目标实现创造了良好环境条件。利用模型自身的优势与特征，有针对性地开展教育评价活动。同时，在自身目标科学评价体系暂未建设完成状态下，主体评价地位的认同性特征相对较差。CIPP 模型正式在此种状态下逐步走进人们的视线。

---

① Hakan K，Seval F. CIPP evaluation model scale：development，reliability and validity[J]. Procedia – Social and Behavioral Sciences，2011，15（C）：592–599.

（3）对与时代相应的两种模型进行有效判断。从表面来看，相关判断活动主要以评估特征及价值判断为基础，无论是 CIPP 模型还是应答模型等，自身均具备显著代表意义。斯塔弗尔比姆是 CIPP 模型的主要创始人，他表示开展评价活动的最终目标即是确保相关方案能够得到全面优化。这也是该理论模型的核心之处。在他看来，评价活动开展并不需要过分强调目标实现的重要性，而是应当集中精力为决策者提供有价值的参考依据。整个过程中，无论是管理人员、教师，还是学生本身，都应当提供有效反馈建议，为教育活动开展提供所需服务。从根本角度分析，CIPP 模型解决了泰勒模型存在的部分局限性问题，以背景评估为核心，对四方面要素进行全面评价，同时将系统性特征进行全面体现处理。此外，在充分强调描述性信息重要性基础上，很容易导致价值判断出现偏差，进而使反思批判精神效用无法全面发挥出来。[①] 作为整个时代的代表人物，斯塔克在对应模型建设过程中，也充分强调需求的重要性。整个过程中，相关应答模型设计都是以满足人员需求为核心，在强调对应价值重要性基础上，使相关夙愿能够完整体现出来。从评估角度入手，应答模型不是以目标假设为核心，整个阶段内，无论是实际存在问题，还是可能存在问题等，都是研究的重点内容。从评估方式分析，应答模型建设过程中，必须对评估方式建设投以较多关注。在预定式评价进行过程中，强调对应目标观察的重要性，在提高整体信任度基础上，深入总结对应教育活动所存在的潜在价值。

（4）结合时代需求完成相应结构模型设计。整个过程中，传统教育理念往往起着十分关键的影响作用。在充分发挥创新理念基础上，枯巴和林肯提出了第四代教育评价理论，研究领域将其称为共同建构模型。该模型解决了很长一段时间内存在于价值体系的相关问题，如科学范式依赖性问题。在充分强调时代评价重要性基础上，打造一体化发展共识，确保利益相关者权益得到最大保障，并能够将协商一致性原则效用全面发挥出来。相关模型的核心内容即是将评价者与被评价者之间的相互作用关系全面体现出来，尝试从权威服从角度入手，确保平等互助发展需求得到全面满足；以主体与客体关系为核心，模型被评估者在特定条件下也能发挥相应主体作用，广泛参与评估活动，为评价结论总结贡献自身力量。不仅如此，模型研究人员强调，在对人们多元化价值需求进行

---

① 蔡晓良，庄穆.国外教育评价模式演进及启示 [J].教育科学文摘，2013（3）：27–28.

相应评估的过程中，多元化目标制定往往起着决定性影响作用。[①] 无论是利益相关者的评价还是相关制度建设，其发展过程中都会存在不同程度的因素阻碍。

1.2.1.2 CIPP 模型的内涵与特征

泰勒行为目标模型建设过程中，充分强调社会需求的重要性，并将其价值取向作为核心，完成对应理论模型建设。同理，斯塔弗尔比姆提出的 CIPP 模型则是在充分发挥决策作用基础上，以社会效用为价值取向，完成相应理论研究模型设计。其曾明确表示，开展评价活动的最终目的即是相关流程能够全面满足优化发展要求。

评价是为决策服务的，所以评价者应当先了解做出决策的各种情境。斯塔弗尔比姆等人认为，教育上的决策一般有四种情境：第一种是平衡稳定的决策，即维持教育系统的决定，旨在提供质量管理的标准与方法，维护原教育方案的存在；第二种是连续增进的决策，即继续改革的决定，旨在小范围内改革现有的教育系统；第三种是更新的决策，即加强改革的决定，旨在大规模地实行改革，解决当前迫切需要改进的教育问题；第四种是近似变形的决策，即促进全面改革，旨在完全重建更为理想的教育系统，实行教育上的较为彻底的革命。在以上各种决策情境中，均应纳入评价的机能，在评价所提供的信息基础上，做出关于教育改革的决定。评价者应针对不同类型的决策情境，提供相应的、必需的、充分的信息资料。

在背景评价中，注意提供确定目标作为计划的依据，要求描述现在教育环境中已经具备的条件、尚需改进的条件、尚未满足的需要、未经利用的资源和机会，以及诊断出其中有关的难题。通过比较教育系统的实际表现与预期表现，确定现存教育系统的目标达成程度，发现教育系统实际运作结果与目标的差距，以此作为教育改革计划的依据。背景评价为计划决策服务，是以社会发展为核心，通过对相应需求方案进行全面设计，进而开展相关判断性评估的活动。整个过程中，为了可以为方案制定提供有价值的信息，必须充分强调目标制定的合理化要求。在相关评估要素的影响下，确保资源发展问题得到全面解决。整个过程中，需求主要是指在目标实现过程中需要涉及的相关要素；问题是目标实现过程中需要解除的障碍；资源是为目标实现而提供的相应服务；机会是为满足相关发展需求而产生的实际机遇。

---

① 周朝森.教育评价理论的新探索——美国"第四代教育评价"述评 [J].教育研究，1992（2）：51–54.

基于 CIPP 的幼儿象征性游戏评价研究

输入评价注重如何运用资源达成目标，包括对课程的材料、方法、程序、设备、人员、环境等加以分析，以便针对目标选择适宜的课程资源，设计方案与发展途径。输入评价中常常需要考察如下问题：已确定的教育目标是否可行；哪些方法、策略有助于达到教育目标；各种方法策略的逻辑效用和实际效用如何；其理论假定是什么；教育是否能有效地运用这些方法与策略；需要多长时间的训练；人员配备、时间安排、执行情况的管理与监督问题能否妥善解决；这些策略有无负向作用或消极作用；如何对此做出实际评价。输入评价活动开展的核心目标即是为组织决策提供有价值的参考依据，整个过程中，在资源工具进行全面整合的基础上，确定对应指标要素。期间，为了实现相应目标，势必投入大量人力、物力、财力等资源，每一个优质教育方案的制定都涉及较为复杂的发展过程。

过程评价应在计划和方案设计完毕并付诸实施时便开始进行，旨在提供定期的反馈。应当在方案正式实施前进行预测，以决定计划是否可行，并加以修正。在计划实施期间，及时提供有关过程运行状况的资料，以便形成有关决定；记录所有教育过程，以便在教学后加以分析，找出存在的缺陷，并为后续工作改进指出明确方向。过程评价活动开展阶段内，通过对教育方案进行相应研究，共同为教育方案制定打下坚实基础。过程评价往往对相关流程投以较多关注，同时确保教育方案的高效性特征可以全面体现出来。

成果评价的核心即对教育系统发展成果进行有效评估，不仅可在整个教育方案结束时进行，在方案的执行过程中也可实施。与目标获得性模式相似，成果评价应考察教育效果达到目标的程度，但在 CIPP 模式中，较少强调评价者的判断，而着重向决策者提供信息，让决策者在评价提供信息的基础上，自己形成重要的判断，并用于决策。成果评价也为决策制定提供有效的参考依据，同时在有效开展价值判断、综合评估活动阶段中，确保教育方案的实质性效用全面体现出来。

如表 1.2 所示，评价者应先进行背景评价，以确定原有教育系统是否需要改变。其结果可能是维持不变，或使之平衡稳定，或需进行持续增进的或更新的改革。如需进行持续增进的或更新的改革，则必须实施输入评价，为建构和设计改革方案做出有关的决定提供信息，继而执行方案进行过程评价与成果评价。最终的结果或是接受该新的教育方案，或是终止或重新计划、组织该新方案，再进行以上过程的循环。①

表1.2　CIPP模型的特征

	背景评价	输入评价	过程评价	结果评价
目标	选择机构或服务的背景；了解实际需求；掌握需求满足的有效方式；对目标实现过程中存在的阻碍因素进行全面总结；判断目标实现是否能够达到全面发展条件	判定相应评估能力；在多样性评估方案中进行选择；设计评估程序、预算方案等，掌握实际发展进度	总结程序设计过程中存在的不足之处；为决策制定提供有价值的信息；准确记录事件发展的整个过程	总结与结果相关的描述；以目标为核心，输入对应发展信息；概述相应发展价值
方法	通过系统开展相应调查、分析、评估、诊断等活动，德尔菲技术应用往往可以起到事半功倍的发展效果	总结存在应用价值的人力、物力资源，确保程序设计过程中存在的相关问题得到全面解决；采用文献研究方式，结合经典案例，通过小组讨论方式满足研究目标要求	控制活动中势必存在一定阻碍性因素，保持高度警觉性；开展有针对性方案设计活动；描述整个发展过程；与相关工作人员进行沟通交流，密切观察活动状态	制定可操作性流程，对评估结果进行有效测量；搜集与方案相关的人员评估结果；尝试从质量和数量两方面入手开展相应分析活动
决策作用	为决策制定提供有效参考依据，目标选择往往十分关键，在了解存在的显著问题的基础上，为资源发展寻找更多机遇	提供决策性服务，确保设计方案满足科学化要求，同时提供多样性选择空间	为执行决策服务，涉及实施所设定的方案，发起和控制方案的运行	为循环决策服务，在开展相应结果分析过程中，对方案结果进行有效评定
效能核定	提供有关所选定计划被否决的意见和材料，提供关于问题、需要、资源和机会的文件，把它们与所选定的目标和被否决的目标相联系	为所选定（或被否决）的方案设计提供资料，联系已建立的目标，将各种供选择的方案设计的优缺点记录在案	提供方案执行情况记录，包括决策过程途径，将方案实施过程中实际发生的活动记录在案；将它们相互联系起来，并与方案过程联系起来	提供有关方案结果与循环决策的记录，将结果记录在案，并将其与改善决策、持续或终止决策相联系

---

① Stuffleheam D L, Shinkfield A J. Systematic evaluation : a self–instructional guide to theory and practice[M]. Boston : Kluwer–Nijhoff, 1985 : 170–171.

基于CIPP的幼儿象征性游戏评价研究

1.2.2　象征性游戏

对于象征性游戏，国内外有各种称法：模仿性游戏、戏剧性游戏、装扮性游戏、社会性游戏等等。对于象征性游戏的提法，其主要依据是皮亚杰对游戏的认知发展线索的分类。他认为，从 2 岁开始，幼儿具有应用一个"信号物"来表示某些实物的能力，即由一定目的引起，使用信号物来表示一个不在眼前的另一物，并引起被表示物的表象的功能，这就是象征功能。象征性游戏是幼儿通过模仿并大量运用象征功能进行的活动。[①] 这种游戏在 2～7 岁有一个有序的发展过程，其中是有规律可循的。

1.2.2.1 象征性游戏的构成因素

象征性游戏从其发生、发展到结束，主要由情景迁移、物的替代、角色扮演三个因素构成。[②] 三个因素包含在整个发展阶段内，自身带有明显的系统性特征。

（1）情景迁移。将实际存在的生活场景转移到想象过程中，进而创造其他画面。对于非真实情景而言，这是一种典型的装扮行为，如假装睡觉、假装喝水、假装吃东西等。我们之所以说它是情景的迁移，而不是幻想的情景，是因为这些装扮行为是以真实的情景为基础的，而且都是幼儿所熟悉的行为，由于是通过模仿实现的，所以任何装扮的行为都能在生活中找到原型。例如，从时间上看，不应该是睡眠时间，也不是正当吃饭时间而做出睡眠和吃饭的动作；从结果上看，幼儿不会真的睡着，不会真的吃饱；从动机上看，幼儿不是真的疲倦了要睡，不是真的饥饿了要吃；从行为发生的条件上看，幼儿不是真的有床和枕头，不是真的有食物。仅仅是用动作概括性地重演真实生活中这种行为的各种情节，用闭上眼睛、不作声、蜷缩着身子等动作表示在睡觉；用伸出头、倾倒杯子等表示水正从杯子里流进口里。这些行为已独立于日常生活的真实情景，表明行为是假装的，只是一种游戏。

（2）物的替代。将真实情景转移在假想环境中，确保替代作用能够全面发挥出来。正是这种假设的情境替代了真实的情境，才使真实的情境转向了假设的情境，这种替代作用主要就是物的替代。用当前物体对

---

① （瑞士）J. 皮亚杰. 儿童的心理发展 [M]. 傅统先，译. 济南：山东教育出版社，1982：26.

② 邱学青. 学前儿童游戏：第 3 版 [M]. 南京：江苏教育出版社，2005：144.

不存在的物体进行替换，这是相关研究领域所强调的"以物代物"。在自身功能与物体自身存在较为严重的分离问题情况下，开展对应转换操作，同时确保替代物作用能够全面发挥。例如，用一块积木代替肥皂，"肥皂"这一词便与肥皂这一物体分离，转移到积木上，使积木成为肥皂的替代物。我们虽然不会讲清楚理论上这一转换的意义，但幼儿非常清楚这是假的肥皂，不会真的洗干净衣服。这种清楚的意识，才能被称为"以物代物"。如果幼儿不知是假的，将其当真使用，那就不是"以物代物"，而是"尝试错误"。所以，"以物代物"是在对某物的功能比较熟悉的情况下发展的。

（3）角色扮演。与"以物代物"特征相同，参与游戏人员通过模拟对应角色，在自我身上还原人物的原型，甚至用对应的称呼为自己命名，进而达到角色装扮的目的。比如，用"医生"的名称来命名自己时，幼儿便会做出真实情境中医生应该做的行为；用"妈妈"的名称来命名自己时，幼儿便会模仿烧饭、抱娃娃这类日常生活中妈妈的行为。

1.2.2.2 装扮动作的发生和发展

装扮动作主要是指脱离了真实背景，以及脱离了伴随着真实需要的动作，如在非睡眠的时空背景下做出睡眠动作，在非口渴的情况下拿着空杯子做出喝水动作。我们将这种装扮动作的发生作为象征性游戏萌芽的标志。

从相关研究资料中我们能够了解到，装扮动作一般发生在 13 个月左右。[1] 装扮动作的出现，表明婴儿的记忆、联想、延迟模仿的心理现象的发生，这是心理发展的一大进步，这只有在婴儿对经常接触的物品有了充分感知以后才有可能。所以，装扮动作发生的早晚，也可以作为游戏发展水平的一个早期指标。[2] 装扮动作的发生是以婴儿对物体之间关系的认知程度为前提的。婴儿从 6 个月开始便进入了摆弄实物的阶段，在摆弄中对物体日益熟悉，有了初步的认识，这一认识的过程是从他们摆弄物体的方式的变化上显示出来的。一开始，婴儿摆弄实物的方式是非适宜性的，即不顾物品本身的特点和功用，用同一种方式对待不同的物体，不论是什么东西，一抓到手，就都是敲打或摇晃。以后他们才逐步学会

① 理查德·谢克纳.人类表演学的现状、历史与未来[J].孙慧柱，译.戏剧艺术，2005（5）：4-9.
② 郝琦，乐国安.表演式学习——表演理论对"最近发展区"的发展[J].心理学探新，1999（2）：9-12，24.

用适宜的方式摆弄实物，即用不同的方式对待不同的物体。幼儿在 9 个月以前是非适宜性摆弄物体，9 个月开始对物体之间的关系产生兴趣，但大部分幼儿还不能发现物体之间的正确关系，如把盖子放在小车上，把汽车放进碗里，用小勺捣弄小汽车，等等。大约 13 个月，基本上所有的幼儿都能发现自己所熟悉的物体之间的正确关系，如知道盖子盖在杯子上，小勺放在碗里。所以，装扮动作发生在此时。

根据皮亚杰等人的看法，装扮活动的发展是日益协调为一种顺序。其过程首先是"单一结构组合"，这是一种单个装扮动作，即刚发生时的那种偶然、瞬时的动作，如假装用杯子喝水，用梳子梳头。[①] 这种单一结构组合最终体现为不断重复相同的动作。例如，喝水动作装扮，先是自己喝，然后模拟给爸爸妈妈喝，最后是给娃娃喝。喝水方式也十分多样，用瓶子喝、用杯子喝等。其次，带有典型复杂结构。幼儿会采用有效方式，有效协同多样性动作，此间又有两种复合组合。一是"有序复合组合"，二是"无序复合组合"。前者保持几个动作之间的逻辑顺序，如：先给娃娃梳头，然后照镜子；先倒水，再喝水。后者则几个动作之间无逻辑关系。研究证明，大约 20 个月时，有 70% 以上的幼儿产生有序组合，23% 的幼儿仍处于无序组合阶段，而且这种动作发展的顺序是恒定不变的。复合结构组合动作表明，幼儿的象征性游戏有从偶发、瞬时、不成熟的装扮动作向着更为复杂、成熟的主体装扮活动发展的运动趋向。因为有序装扮动作说明装扮动作在履行之前已计划好了，这已向主题靠近了，所以复合组合是主题出现的前提。

1.2.2.3 替代行为的发生发展

皮亚杰认为，幼儿将一个物体看成是另一个物体的能力，标志着幼儿已向装扮的二级水平过渡。[②] 由此可见，替代行为的出现是幼儿心理发展和游戏发展的又一大进步，它既有情感的意义，又有认知的意义。从情感上看，幼儿的需要和现实之间的矛盾日益明显，这种矛盾是发展的动力，替代则成了这种矛盾冲突的缓冲因素；从认知上看，说明幼儿对物体的认识不断广泛和加深，并且能摆脱眼前的直接形象，在头脑里进行联想类比，也说明语言和思维的密切关系，这正是思维

---

① 朱莉琪，方富熹. 学前儿童"朴素生物学理论"发展的实验研究——对"生长"现象的认知发展 [J]. 心理学报，2000，32（2）：177-182.

② Brewer W F. Scientific theories and naive theories as forms of mental representation : psychologism revived[J]. Science and Education, 1999, 8（5）: 489-505.

的开端。①

　　物的替代行为大致有如下的发展线索：第一，实物的适宜性操作。已知装扮动作发生在 12～13 个月，这种刚开始的装扮行为是一种以实物做出的装扮行为，这仅仅是一种情景迁移，并不出现替代物，动作与实物是相应的，仅仅是情景脱离了真实。第二，混合性替代。大约 1 岁半以后，幼儿的生活范围扩大，见识增多，接触的物品和掌握的动作越来越多，幼儿便喜欢用各种物品来实践、练习已习得的各种动作，从而进一步了解和掌握物的性质特点。所以，这一阶段的幼儿的装扮行为中所出现的物品和动作之间并非相适宜，而是用多种替代动作来对待同一物品，或用多种物品做出同一种替代动作。第三，模拟物替代：大约 2 岁左右起，幼儿开始学会逐渐按照物体的习惯用法，来使用模拟实物的玩具，进行装扮的游戏。这时其装扮的行为由物的刺激引起，受模拟物的暗示，因此什么样的玩具就激起什么样的装扮行为。比如，看到医疗器械的模拟物，就装扮看病的行为；看见炊具的模拟品，就装扮烧饭的行为。此时的替代特点取决于替代物与替代物之间的逼真性，替代物越逼真，替代行为发生的可能性就会越全面，满足要求的概率也会越大。这说明幼儿已经开始注意物与物之间的相似关系，能够把当前物体作为不在眼前的物体的替代物来使用了。第四，相似物替代。在模拟物的影响下，幼儿很快就能在替代物与被替代物相似的情况下做出装扮行为了，这时幼儿已经考虑替代物与被替代物之间的对等关系，寻找相似点，或是形状相似，或是功能相似，至于形状和功能哪一个为主并不重要，重要的是已会根据装扮的需要来选择替代物，然而是否能做出装扮行为或装扮行为的质量，仍然取决于替代物与被替代物之间的相似程度。第五，多功能物替代。大约 3 岁以后，幼儿使用多功能物品进行替代的现象开始逐渐增多。由于替代物的形状和功能与被替代物之间无显著关联，所以他们能够用来行动的替代物越来越多，因此被替代物的范围扩大了，倾向于可以用任何东西来代替想要的任何东西，说明幼儿游戏有了更广阔的想象空间和活动范围。但是，替代物的运用并非随心所欲，仍然符合一定的选择原则，或以形状、或以功能为选择的标准，只是形状和功能与原型相似的程度在减弱。这与他们的发散思维的发展有关，随着心理活动的随意机能的发展，象征开始向灵活、多样发展，并且他们可以通过自己的思维、语言、头脑里的表象来实现动作，这些并非相似的

① 丁海东 . 学前游戏论 [M]. 济南：山东人民出版社，2001：50-59.

替代物只是作为一种外在的客观符号而已。第六，抽象性替代。大约在4～5岁时，幼儿已经可以用动作语言来代替一个不在眼前的物体，并顺利完成象征性动作。比如，吃饭不一定要有模拟的碗或替代的碗，吃的动作就足以实现他们的愿望。买东西、给钱、给娃娃穿衣服等全部可以用语言或动作来实现。当然，这只是用于一个象征性活动中的部分替代，而且是象征性活动中的次要内容。用语言和动作来替代物体的现象表明，幼儿的思维正在进一步向抽象化发展。

由此可见，关于幼儿象征性游戏中的替代行为也有对应发展过程，从具体发展为抽象，整个阶段代表了幼儿思维模式的转变。等到幼儿能够完全脱离动作和替代物，就足以完成对事物和行为的象征，那么这种假想的游戏便转入地下，外显的、公开的象征性活动就变成了个体的内部幻想，随着年龄的增长，再向高一级发展，便有可能进入艺术创作。

1.2.2.4 角色扮演的发生发展

幼儿在象征性游戏中所涉及的各种角色类型，是不同水平上社会性认知的发展形式。[①] 随着认知状态不断发展，角色类型也会发生相应改变，角色出现的基本顺序是机能性角色、对应性角色、想象性角色、关联性角色、同一性角色。随着年龄增长与社会性认知的发展，角色关系越来越复杂，角色类型越来越多，下面列举几例。①机能性角色。模仿角色原型，整个模仿过程都是用动作对物体的操控来实现的，如：坐在小椅子上，双手把着方向盘，嘴里发出"嘟、嘟"的声音，扮演着设计的角色；双腿跨在一根竹竿上奔跑，嘴里发出"得、得"的声音，扮演骑马的人的角色。②对应性角色：角色关系汇总，利用一方为核心的角色扮演，会对动作有相应指向，两个角色之间也会发挥相应优势互补效用。比如，医生和病人、妈妈和娃娃、营业员和顾客等等。这种角色来源于幼儿生活中最熟悉的人物。③关联性角色。相同游戏内，很多情况下一个人都扮演两个或多个不同角色，角色动作对应的角色也存在较大差异。比如，同一个人在家扮演的是妈妈，去医院上班是医生，到商店买东西又成为顾客；又如，同一个医生的角色，既在医院治病，指向病人，又去幼儿园打预防针，指向幼儿，还去饭店检查卫生，指向营业员。④同一性角色。角色动作指向同一类型的角色，比如司机对司机、营业员对营业员，是同类角色之间的配合。⑤想象性角色。角色不源于生活，而是出自文艺作品和传说，如妖怪、神仙或黑猫警长、奥特曼。

---

① 王可，郭会萍. 儿童假装游戏理论与相关研究 [J]. 心理研究，2009，2（5）：40-43.

角色行为是指角色扮演过程中形成的一切语言及动作，其在角色扮演过程中占据十分关键的地位。最先出现的是动作，即前述最初出现的装扮。这种装扮对象从自我转向他人。当装扮出现在 12 个月时，是一种自相关动作（自己假装睡觉，自己假装吃饭）；当装扮动作成为一个系统的发展顺序时，这个动作很快就成了他相关动作（喂娃娃吃饭，假装给母亲梳头）。在费恩（Fein）和艾普菲尔（Apfel）的研究中，81% 的幼儿在 12 个月时表现出自相关的装扮动作，19% 是向着玩具的他相关，以后自相关动作逐渐减少，而向着玩具的他相关增加，大约 30 个月的时候，自相关行为已降到 39%，但向着现实中成人的他相关动作是暂时的。从装扮动作的自相关到他相关的发展说明，幼儿在游戏中始终是一个积极主动者，并且在日益提高的水平上走出现实的情景，以驾驭他人。[①] 多个分散的动作组合为一体即能够形成动作系列，达到规模后即能够成为带有一定特征的角色行为。这种以他相关形式出现的、伴之以一系列相关动作的角色行为就是角色扮演，开始于 2.5 ～ 3 岁。

角色的选择和角色的动作表演都有一种内部推动力，即动机。幼儿在游戏中选择什么角色，扮演角色的哪些行为，一般基于以下几种可能的动机：第一，模仿动机。角色的选择和行为出于一种模仿的冲动，年龄越小的幼儿，其角色扮演就越出于这样一种动机。因为年龄小的幼儿确实具有一种模仿的天性，从即时模仿到延时模仿，正是这种模仿的发展为角色的出现奠定了基础。要辨别一个幼儿的角色扮演是否是模仿冲动所促使并不容易，一般认为，当仅仅是由于外部刺激引起角色扮演时，那么这个角色及其动作的扮演便是模仿的冲动所为。[②] 所以，机能性角色的模仿动机较为鲜明。在这里，角色扮演的着力点是动作，并且是特殊的动作，而不是典型的动作，如看见一副眼镜，就扮演爸爸看报纸，这里扮演的只是他自己的爸爸。第二，情感动机。角色的扮演是出于一种情感的需要。这一点心理学家们提到的非常多，特别是精神分析理论的观点明确地表述了游戏的情感意义。帕勒的角色扮演理论认为，幼儿选择角色是出于对角色原型的爱戴、羡慕、钦佩、妒忌、恐惧、憎恨等情感因素，通过动作扮演，得到情感补偿和情绪宣泄，从而得到情感上的

① 陈建翔，陈建森."镜像教育"：一个教育新主题的开始——论镜像神经元的教育内涵及对教育变革与创新的启发 [J]. 教育科学，2011, 27（5）：25-28.

② 邱关军. 从离身到具身：当代教学思维方式的转型 [J]. 教育理论与实践, 2013, 33（1）：61-64.

满足。① 第三，认知动机。角色的扮演是出于对已经获得的社会生活知识和经验进行实践、体验和再认识的需要，以满足好奇心和求知欲。因此，幼儿常常将一些刚刚经历过、看到过的新鲜事物反映在游戏中。幼儿也常常将一些已经非常熟悉的事物综合起来，按自己的意愿进行改造，创造性地反映在游戏中。

角色扮演意识主要是指能够清楚地划分自身在现实生活与在扮演过程中的不同角色，如果了解自己是在扮演别人，则可以轻松地了解哪些是真的、哪些是虚幻的。这种角色意识的出现要晚于角色的行为。一开始，幼儿做出装扮动作，但并没有扮演角色的意识。比如，问一个在喂娃娃吃饭的幼儿："你在干什么？"答："喂娃娃吃饭。"再问："你是谁？"答："我是文文。"问："娃娃的妈妈呢？"答："不知道。"对文文这个幼儿来说，其是一个现实主义者，没有假想。以后逐步出现了朦朦胧胧的角色意识，能以角色命名自己及玩具，但这时的幼儿往往又沉溺于游戏而忘却现实，如果成人用现实的情景去否定他游戏的行为，他即会放弃，而不会说"这是假的呀"。例如，对一个正在给娃娃打针的幼儿说"哪有这样的针筒，里面连药水也没有"，他便会放弃这个行为。3岁以后，幼儿的角色定位会日趋明显，此种状态下，也能够独立地分辨真伪，并按照角色思维产生相应动作，也可以站在虚拟人物角度处理相关事务。可见，从无角色意识到朦胧的角色意识，再到清晰的角色意识，都是随自我意识的发展而发展的，逐步通过角色扮演，在对他人的关照中获得自我的外观。

角色认知指的是对角色动作与角色关系的全面认知，整个过程中，现实生活的逻辑认知能力往往起着决定性作用，而且幼儿认知往往与生活存在息息相关的作用联系。角色认知是随角色扮演意识的日益清晰而逐步提高的。从角色关系的认知来说，最先理解的是对应性角色，然后才是关联性角色，而且随着年龄的增长，关联性角色的关系越来越复杂，能理解同一个人的多重角色关系。从角色认知的水平来说，幼儿在没有清晰的角色意识时是没有角色认知的，其角色就体现为动作的模仿。以后开始理解角色和角色之间的关系，但受语言能力的限制而不能正确表述出来，所以其角色认知可以从其角色行为上分析出来。最后，幼儿不仅能在游戏中很好地根据角色的行为职责去扮演角色，同时能正确表述

① 魏洪鑫，丁海东．幼儿在园一日活动中违反规则的体验与反思——基于6则案例的教育现象学分析 [J]．学前教育研究，2011（11）：36-39．

角色关系，这与幼儿的语言、认知习惯、生活方式等存在十分显著的影响关系。

幼儿角色扮演需要满足相关规律。发展之初，很多游戏都是从生活中进行选材，如扮演医生、扮演自己的父母。随着生活经验的逐渐丰富，幼儿开始扮演动画片或者影视剧中的人物。在语言能力不断提升的状态下，可扮演的主题也日趋多样。表1.3总结了幼儿阶段角色扮演的发生发展过程。

表1.3　幼儿阶段角色扮演技能的发展[①]

认知发展水平	角色扮演技能	例　子
单一动作的象征（3岁）	机能性角色扮演	假装医生用体温计等给病人（娃娃）看病（只是把它放在娃娃身上比画一下）
多重角色的象征（4～5岁）	社会性角色扮演（互补性角色）	表现人物之间的关系：医生叮嘱病人吃药，病人对医生的反应
	出现三个角色的社会性角色扮演	医生、护士、病人三个角色同时出现，以医生为主要角色，护士协助医生，病人听从医生和护士
社会关系系统的象征（6岁）	双重社会性角色扮演	医生给病人看病，同时他又是病人的父亲，病人同时又是女儿（医生与病人、父亲与女儿的双重关系）
	三重社会性角色扮演	相对于其他三个角色（病人、妻子、女儿），医生同时是丈夫、父亲

角色扮演过程是完全有规律可循的，最先是行为的产生，慢慢转变为角色意识的形成，最终对角色定义，形成全面认知。后续发展阶段内，由于涉及角色意识的转换，角色意识成为象征性游戏的中心，幼儿会先确定自己所要扮演的角色，在对角色形成全面了解的基础上，有针对性地产生组织动作，进而为满足相关发展需求打下坚实基础。

1.2.2.5　游戏群体的社会化趋势

幼儿象征性游戏群体的社会性发展趋向表明，幼儿3岁前一般是独自游戏，大约从3岁开始，游戏渐具社会性，具有特定的发展轨迹。具

① 邱学青.学前儿童游戏：第3版[M].南京：江苏教育出版社，2005：89.

体表现如下：第一，从独自游戏到集团游戏。幼儿象征性游戏群体的社会性发展，先出现的是"独自－机能性游戏"。这种游戏包括简单的、不断重复的、用实物进行的摆弄活动，其操作行为是适宜性的，如不停地用小勺在杯子里搅动，打玩具电话喋喋不休。第二，"平行－模仿性装扮"。幼儿与他人接近，但并不互相发生关系，只是出现交互模仿的动作。例如，一个幼儿在喂娃娃，其他幼儿也把娃娃抱起来喂；一个幼儿给娃娃穿衣服，其他幼儿看到也会这样做。这种平行游戏是社会化发展的初级表现，整个过程中，可以将玩伴关系全面体现出来。第三，进入"集团－合作性游戏"。这里指的是以规则来协调角色关系的游戏，这种规则是暗含于主题目的、角色行为中的，玩伴之间在角色的选择、主题的确定、为实现游戏目的的行动中互相配合、协作，这是游戏社会化水平的高级形式，5～6岁幼儿才能顺利进行这类游戏。

从独自游戏到平行游戏再到集团游戏，我们可以看出随着幼儿年龄的增长，其游戏的社会性不断加强。但需要指出的是，这里指的是象征性游戏，如果从整个游戏来看，并不表示凡是独自游戏就一定都是社会性发展不成熟的标志。根据国外研究者的观察，独自游戏3岁前的比例最高，3岁开始发生质的变化，大约只占13%，5岁降到6%～11%，但在6岁时又上升到19%。① 对这种现象有两种解释：一是认为呈上升趋势的独自游戏出现的年龄正好与规则游戏出现的年龄一致，表明这种独自游戏是为即将到来的规则游戏做准备的，幼儿需要离开这个装扮集团，去练习和加强那些参加竞赛性规则游戏时非常必要的技能；二是认为它是幼儿在游戏的社会化过程中同时出现的个性化的表现，学前晚期的幼儿不但喜欢自己玩，在游戏内容的选择上也有了一定的倾向性，因为幼儿开始有了各自相对稳定的兴趣和认识特点上的差异。

1.2.2.6 象征性游戏中幼儿的合作与协商

在进入正式游戏之前，几个可能的共同游戏者必然会遇到"玩什么""怎么玩""用什么玩"之类的问题，协商和构思游戏的框架就形成了。这种协商的可能产生，是基于幼儿在同一认知水平上对各种游戏信息的共同理解，协商就构成了集团合作游戏的前提。协商的内容主要包括主题的确定、角色的分配和材料的选择。

（1）主题的确定：这就是协商"玩什么"的问题。主题即与生活中

① 陈英和，王雨晴.幼儿元认知知识发展的特点 [J].心理与行为研究，2008，6（4）：241-247，254.

的人物或者事物相关，在实际生活中，对相关事物名称进行有效概括，如十分常见的购物、看病。幼儿在游戏主体选择过程中，一般基于这样两种情况：一种是受到呈现于面前的某种模拟实物玩具的刺激。由于这些玩具形象逼真，具有较强的主题暗示性，所以当幼儿看到某种玩具，便激发了对生活体验的某种表象，游戏主题就产生了。比如，炊具将引发"饮食店"的主题，听诊器则引发"医院"的主题，小手枪则引发"打仗"的游戏主题。年幼的幼儿思维具有直觉性，因此主要通过这种方法来确定主题。另一种是由幼儿的兴趣和意愿来确定主题。在这种情况下，幼儿的兴趣先激发了头脑中的表象，从而在没有材料刺激的条件下构思了游戏的内容。由于这种方法体现了观念形态的思维水平，所以通常是年长一些的幼儿引发游戏主题的形式。当游戏的主题确定后，通过主题构思者的提议，其他幼儿随之呼应，游戏便确定了。

（2）角色的分配：主题确定后，由主题所规定的角色便形成了。但谁扮演什么角色，仍然需要协商。一般来说，能力强的幼儿自然地承担了角色分配的任务，他们总是游戏的主角，然后根据他们对其他幼儿兴趣和能力的估计做出分配。如果被其他幼儿接受，分配则完成；如果不被接受，或者出现角色纠纷，则需协调。年长的幼儿常常能通过各种办法自己解决纠纷，年幼的幼儿往往不能协商，而致使游戏不能进行。

（3）材料的选择：这是协商"用什么来玩"的问题。对材料选择的协商主要是对替代物的一致认同，其协商是否有效的前提在于是否能从个体象征转化为集体象征。比如，当一个幼儿提出用两张小椅子当娃娃的床时，如果被其他幼儿接受，那么个体象征便转化为集体象征。这一转化的心理机制在于思维活动。我们知道，以物代物正是实物外部特征或操作功能与眼前替代物之间的相似程度所致，借助语言使这种相似性的思维活动结果外化，以通过交流产生共鸣。因此，个体象征转化为集体象征也只有在集团合作的装扮中才可能产生。通过以上的协商，游戏的背景与活动范围，也即游戏框架的构思就完成了。

由于角色意识清晰，在象征性游戏的集团合作装扮阶段，幼儿结成两种关系，一种是游戏中的角色关系，一种是现实中的同伴关系。两种关系在游戏进行过程中是交替进行的，表现为一方面其行为按游戏角色的需要去做，另一方面其动作按现实条件的可能去做，真假分得很清楚（真的是现实同伴关系，假的是游戏同伴关系）。处理这两类关系即体现了合作精神，支撑这种合作的基础就是游戏规则。

支配第一种关系（角色关系）的规则是角色的行为规则，这种规则是幼儿对现实生活逻辑的遵循，体现了幼儿的角色认知水平。[①] 在游戏中，我们时常可以听到"应该这样的，不可以那样的"这种类型的话，这就是他们对规则的执行。至于这个规则是否合理、准确，则取决于幼儿对现实生活逻辑的理解和认识程度。只要幼儿的角色水平在同一个层次上，相互之间能够对规则有一致的认同，合作就会成功，游戏的进行就比较顺利，否则就会产生游戏的纠纷，从而不能共同游戏。

支配第二种关系（同伴关系）的规则是同伴交往规则，这种规则是幼儿对人际关系准则的遵循，体现了幼儿的道德认识水平。我们常可以在幼儿游戏中看到幼儿控制自己的行为冲动，以能共同接受的某些准则来协调关系，如交换、轮流、分享。这些规则是幼儿在与同伴的交往中，经常体验成功的交往和失败的交往以后获得的经验教训，对幼儿来说，绝不是说教所能奏效的。

协调以上两种关系的游戏规则是内隐的，它内隐于角色的关系中，内隐于同伴的交往中，不存在游戏之前事先协商的规则，因此其规则是灵活的，是随幼儿的认知水平而变化的，但确实是这些规则构成了合作游戏的基础。[②]

1.2.2.7 象征性游戏的教育性

从幼儿象征性游戏的实际发生条件看，有其嬗变成"教育性"活动的实际法律，强调人为情景即是将游戏所具备的教育性特征全面挖掘出来。①幼儿游戏的环境是成人教育希望能够改变相关发展意图的对应特征。幼儿游戏的环境是经过成人设计的，材料是经过选择的。成人可以采取有效措施，事先构想幼儿游戏的情景，通过与幼儿需求相结合，确保可以为最终教育目标实现打下良好基础。②象征性游戏使幼儿可以在众多材料中进行选择，同时也确保儿童可以在一定社会关系中保持良好发展状态。结合相应社会背景，一定要让幼儿在游戏中明白，与他人沟通过程中必须给予他人相应尊重，同时学会与同伴分享、协商与合作，并遵守一定的游戏规则。③教师在扮演"教育者"的角色过程中，采取有效措施，对幼儿的相关行为进行有效控制。教师总会根据自己的教育价值观（合理的或不合理的）去鼓励或抑制幼儿在游戏中的某种行为（如

① 祁岩. 在游戏中培养幼儿的规则意识 [J]. 学前教育研究，2013（11）：69-71.
② 张晓梅. 游戏中儿童的规则意识及自我控制能力培养 [J]. 大庆师范学院学报，2011，31（1）：144-146.

冒险、争抢玩具），对幼儿的游戏施加某种影响。即便是教师仅仅把自己的作用降低到"幼儿纠纷的处理者"与"班级纪律的维持者"的地步，他（她）仍然会对幼儿的游戏产生某种影响。①

　　性质的双重性对立面的统一是游戏的重要特性，象征性游戏又一次表现出了这种特性。"自然性"和"教育性"的双重性质决定了象征性游戏是幼儿游戏的一种特殊的存在形式。一方面，象征性游戏之于幼儿是具有"自然性"的活动；另一方面，象征性游戏之于教育者又是具有"教育性"的活动。这种性质的双重性不仅取决于教育者的意识和潜意识，而且取决于"幼儿园"这种特殊的"社会生活情景"。因此，不能简单地把幼儿园的象征性游戏看作是发生在或移植到幼儿园的自然游戏。美国幼儿教育家伯纳德·斯波戴克指出，教育性游戏的核心特征即是为教育活动开展提供相关服务。此外，幼儿也能够在游戏过程中收获足够的快乐。对于教师而言，必须对幼儿游戏进行科学化设计，使其满足贴近自然要求，同时又不改变游戏的本质。②

　　教育性知识代表幼儿园游戏有一定的特殊性，但是不代表游戏所具备的自然性特征已经全部消失。相反，"自然性"正是幼儿园游戏存在的依据。如何在"自然性"和"教育性"之间保持适当的张力，使这两种意义矛盾的性质合理地趋向于对立的统一，是游戏在教育研究中面临的特殊挑战，也是幼儿象征性游戏评价中需要注意的基本问题。

1.2.3　象征性游戏评价

　　象征性游戏评价是根据相关标准，在全面进行资料分析的基础上，设定对应的游戏目标、游戏内容等，并对最终实施效用进行有效评估。从广义角度分析，象征性游戏评价主要是指象征性游戏所开展的价值评估活动，评估内容包括游戏环境、游戏内容、游戏环节、游戏效果等。此外，幼儿在游戏过程中的实际表现也是评价的主要对象。具体而言，象征性游戏评价主要包括以下三方面内容。

　　其一，依据一定标准收集资料。象征性游戏的时代变迁、游戏目标的解读、评价者价值观念的更迭等均会影响象征性游戏评价过程中资料的收集。例如，评价者的价值观念不同导致使用的评价方法不同。有的

---

① 华爱华.介入和不介入都是教育干预的手段 [J].幼儿教育，2004（17）：26.
② 闫守轩.游戏：本质、意义及其教学论启示 [J].教育理论与实践，2002，22（5）：53-55.

强调通过实验进行定量的评价，收集的资料大多以测验分数为主；有的则注重社会的复杂性和现象的关联性，主张运用自然的观察法，强调个案研究的重要性，通过文字描述的方式呈现定性研究的结果。

其二，象征性游戏评价实际上是对构成象征性游戏的诸要素所进行的价值判断。根据游戏专家施瓦布的观点，构成象征性游戏的要素有教师、学习者、教材和环境。由于象征性游戏评价所指向的目的不同，游戏评价要素的选择也会不同。例如，以改进游戏方案为目的的评价，注重对象征性游戏内容、组织、实施进行宏观判断，检验内容是否反映方案的主旨，组织和实施是否围绕方案的培养目标进行；以促进幼儿发展为目标的相关评价工作，则可以参照有效依据，将教师的教育水平、游戏实施效果等全面体现出来，观察分析游戏实施是否有利于幼儿身心发展，教师教学干预是否能促进幼儿进步，游戏环境是否有助于幼儿健康成长。

其三，象征性游戏评价是一项试图改进游戏且赋予游戏价值增长的活动。全美早期教育协会在《适宜于 3 ～ 8 岁儿童的课程内容与评价指南》中提出：游戏评价的目的是为个别和集体教学提供服务，包括有效交换家长意见；了解需要指导的幼儿工作范围；对幼儿园教育工作质量进行全面评估。[①] 英格兰于 1991 年正式实施有关 5 ～ 7 岁幼儿的国定游戏的评价。这一游戏评价系统以布莱克领导的 TGAT（*Task Groupon Assessment and Testing*）报告书为基础，它提出了游戏评价的三个重要目的，将幼儿的学习过程及其进展情况概括化，有助于教师形成具体的符合幼儿发展的相关理论，同时提升整体教学质量，确保学生养成良好的自主学习意识。[②] 我国也有学者提出，游戏评价的目的主要包括诊断、修正游戏，比较各种游戏的相对价值，预测教育的需求，确定游戏目标达到的程度等。[③] 由此可见，追求价值增长是各国实施幼儿园游戏评价的共同指向。

20 世纪 80 年代以后，由于评价理论的引入及课程改革的影响，幼儿园课程评价问题开始受到关注。20 世纪 90 年代以后，随着课程评价在课程改革中的地位凸现，幼儿园课程评价进入了发展期，评价观念得到改

---

① 向海英. 课程标准化：学前教育质量提升的保障或藩篱——评《美国学前教育课程标准的实践与思考》[J]. 中国教育学刊，2017（4）：127.

② 李敏谊，张晨晖. 从布莱尔到布朗——英格兰幼儿教育和保育政策的发展历程与新进展 [J]. 外国教育研究，2010，37（9）：57–64.

③ 丁月玲. 幼儿园课程游戏化的推进策略 [J]. 学前教育研究，2015（12）：64–66.

善。随着国外教育评价理论与经验的发展，提升我国幼儿游戏评价实践水平就显得非常重要。我国对幼儿象征性游戏评价的要求可以总结为以下几个方面：

首先，渗透适宜发展性教育的理念。我国幼儿象征性游戏评价以往由于受效率主义的影响，倾向于用统一标准对幼儿集体进行评价，这无疑忽视了幼儿的生理、心理发展规律，制约了幼儿的个性发展。美国幼儿园课程评价也曾有过这方面的经历，美国早期教育协会就针对该问题在1986年的《从出生到8岁幼儿早期教育适宜发展方案》（以下简称《方案》）中提出一种新的关于幼儿发展的概念——适宜发展性教育。《方案》提出："一个高质量的早期教育机构应该可以为幼儿提供良好教育活动，满足其在情感、身体、心理等多方面成长要求。结合幼儿的年龄特征，确保制定的课程教育理念满足教学实践发展要求。"这就意味着象征性游戏评价要从幼儿的个性出发，做出有差异的评价。鉴于国外幼儿课程改革的经验与趋势，我国的《纲要》指出，我国幼儿课程评价应"以幼儿的发展为本"，"承认和关注幼儿的个体差异，避免采用统一化标准对不同幼儿个体进行全面评估"。不同个体的比较对于幼儿而言是十分不利的，其目的是根据幼儿的身心年龄特点和个性特征为幼儿提供适宜性评价，促进每一位幼儿和谐发展。

其次，凸显幼儿社会情感、态度发展的内容要素。我国素有重视幼儿社会情感发展的传统，陶行知、陈鹤琴、张宗麟等人曾对幼儿园社会领域教育的目标、内容和实施方法有过系统的论述。近十年来，欧美国家学前教育机构不断弱化幼儿正规的能力测验，越来越关注幼儿社会情感类活动的开发与评价。在他们看来，幼儿在社会情感、态度方面获得的成就包括具备更多的合作意识、减少攻击性行为等，与幼儿在认知和学业上取得的成就是有内在联系的。[①] 因此，应当把幼儿看成是一个整体的人，要把幼儿的情感、态度、价值观纳入象征性游戏评价范畴。

再次，注重质性的活动评价方法。幼儿象征性游戏评价相对于其他幼儿活动评价来说，更强调质性评价。其缘由不仅仅是出于对幼儿社会情感、态度等非智力因素的关注，还因为幼儿时期，各个关键期依次交替，较难对飞速发展的幼儿学习、生活做出定量评价。《纲要》中提出

---

① Joseph G E, Strain P S. Comprehensive evidence-based social-emotional curricula for young children : an analysis of efficacious adoption potential[J]. Topics in Early Childhood Special Education, 2003, 23（2）: 62-73.

应综合采用观察、谈话、作品分析等多种方法。在日常教学活动开展阶段，自然评估方式的使用往往发挥十分关键的影响作用，其中，较为典型的是对幼儿的多样性作品进行观察，这也是评价活动开展的重要对象。质性评价要求采用观察、谈话、档案袋评价等方法，关注幼儿精彩观念的诞生，反映幼儿的成长历程。只有这样，才能在过程中全面了解幼儿，并及时采取或变换相应方式促进幼儿发展。

最后，幼儿、家长、社区等都可以在幼儿象征性游戏评价过程中发挥主体作用。由于评价具有诊断、调整、选择、推广等作用，因此对幼儿象征性游戏的价值进行判断的主体不能仅局限于一人或一个部门。课程专家、教育行政人员、幼儿教师、家长、幼儿、社区人员等都可以是幼儿象征性游戏评价的主体，相关工作发展阶段内，多方参与所发挥的影响作用相对较为关键。

1.3　文献综述

目前，国内外关于幼儿象征性游戏评价的研究已经取得了一定的成果，主要集中在幼儿游戏评价的主体、评价的方式方法、评价的内容等方面。部分学者开展了运用 CIPP 评价模式评价幼儿教育质量的研究，但尚未有学者用 CIPP 评价模式评价幼儿象征性游戏。本书根据 CIPP 评价模式的四个步骤，展开对国内外关于幼儿象征性游戏评价的综述。

1.3.1　幼儿象征性游戏环境评价的相关研究

1935 年前后，勒温（著名心理学研究人员）在针对心理动力场理论进行研究过程中，提出了环境研究理论。他认为人的行为是个体和环境相互作用的结果。为此，勒温提出一个著名的行为公式：$B=f(P, E)$。在这个公式中，B 指行为，P 表示人，E 表示环境，即人的行为是人和环境相互作用的函数。[①] 他的这一研究成果给后人研究环境以极大的启示，后来的诸多研究也大都是在他的研究基础上的进一步深化。

1.3.1.1 对游戏环境含义的相关研究

关于什么是环境，不同的学者有着不同的理解。有代表性的观点主要由美国学者布朗芬布伦纳（Urie Bronfenbrenner）从人的发展的角度提出，环境包含的事件及条件是非常多样的，除机体本身外，很多要素也会受到环境的直接影响作用。① 关于这个定义，布朗芬布伦纳还做了进一步解释：第一，处于发展阶段内的人是不能纳入环境管理范畴的，而是在自身成长过程中，在相应环境内所组成的处于动态发展过程的重要实体。第二，在环境因素作用下，主体的发展必须与环境目标相一致。所以，一般情况下，人与环境之间往往起着相互影响的作用，同时满足互动关系，维护发展需求。第三，无论是单一环境还是多样性环境，都能够与发展形成相应关系；同时，对应情景也可以在巨大发展环境中充分发挥自身所具备的实际效用。布朗芬布伦纳站在生态学立场上，将对人的行为和发展的研究放在一个相互作用的生态系统中，为研究环境提供了一个全新的视角，因而他对环境所做的这一定义目前被广泛接受并使用。

幼儿园环境是建立在一般环境概念的基础上，结合幼儿园场所的特征建立的概念。我国学者将幼儿园环境理解为在幼儿园区域范围内，可以对幼儿产生相应影响作用的因素及条件。《纲要》表示，作为重要的教育资源，环境通过有效设计及利用，可以为满足幼儿成长及发展需求打下坚实基础。这里所表示的环境往往是从广义角度所理解的环境，所有幼儿园生存及发展所需的环境要素均属于对应管理范畴。其中，不仅包括人为要素，也包括物的要素；不仅包括幼儿园单一范围环境，也包括幼儿园外集体，如家庭、社会。从这个定义中，我们能够充分了解幼儿园环境的内涵。从形式角度分析，幼儿园环境可以包括有形环境和无形环境两方面内容，游戏活动开展过程中所使用的相关材料即有形环境，而教学氛围即属于无形环境管理范畴。从形态角度分析，环境可以包括动态和静态环境两种形式。一般情况下，教师与幼儿的互动即典型的动态环境；而幼儿园的环境装饰即属于静态环境管理范畴。从分布角度分析，幼儿园环境包括室内环境和室外环境两方面内容。从属性角度分析，幼儿园环境还包括软环境和硬环境两方面内容。从目前发展状况来看，大部分研究人员对幼儿园环境进行分类的过程中，习惯将其分为物理环境和社会环境两种形式，也有研究将其称为物质环境和精神环境。虽然在用词上还存在分歧，但这些分类在内容上是一致的。幼儿园的外观设计、室内教学及活动场所设计都属于物质环境管理范畴，而教师与幼儿之间的互动、教学氛围建设等都属于精神环境管理范畴。

与布朗芬布伦纳对环境的定义和《纲要》对幼儿园环境的定义相对应，

① 朱家雄，华爱华. 幼儿园环境与幼儿行为和发展的研究 [M]. 上海：世界图书出版公司，1996：2-22.

学者对幼儿象征性游戏环境的大部分理解如下：幼儿象征性游戏活动开展而准备的物质环境条件，即各种人工或非人工的象征性游戏空间、场地、材料和时间等和心理环境即幼儿象征性游戏中的人际交往和心理氛围，包括教师与幼儿之间、幼儿与幼儿之间的人际关系以及宽松、自由、平等、和谐的游戏氛围等两个层面。沃尔林总结了户内游戏不同区域划分的方法[①]：第一，如果希望可以在大范围内开展游戏活动，则可以将区域隔离性家具搬离；第二，在活动室内画出清楚的线路；第三，将有冲突的角落分开，如吵闹的和安静的，将互补的角落，如娃娃家、积木角放在一起；第四，运用分隔物或家具将不同的游戏角落进行相应区域划分。

幼儿园的户外运动场地都会有一定的固定运动设施，如秋千、滑梯，但几乎每一种设施的操作方式都是固定的，幼儿也不能发挥自己的想象，做一些规定外的操作。虽然幼儿在游戏参与过程中可以对身体机能进行相应锻炼，但想象力也会由此受到限制。相反，创造性游戏场地往往拥有不同种类的设备，幼儿可以根据自身爱好搭配进行使用。坎贝尔和弗罗斯特（Campbell & Frust，1978）在对两种不同类型的游戏场地进行比较研究后发现，传统游戏场地大部分情况下开展的都是机能性游戏，而象征性游戏很多都是出现在技能性游戏场地内。[②]

1.3.1.2 室内游戏环境的研究

大部分针对室内游戏环境所开展的研究都是在对应空间及结构内进行的。所谓空间密度，主要是指幼儿在参与游戏过程中人均所占区域的大小。我们也可以将其简单理解为活动密集性的指标。指标对应数值越大，活动空间越宽敞。其计算方式即是空间密度＝（空间大小－不可用的空间大小）/孩子人数。早在20世纪六七十年代的西方有关研究中就显示了非常矛盾的结果，如：拥挤程度的增加导致幼儿攻击性行为的频率有的显示增加，有的显示减少，有的显示没有变化；合作交往的行为频率或游戏的社会性层次有的显示提高，有的显示降低，有的则显示无明显变化。也有研究证明，空间密度往往可以对幼儿的社会性品质培养产生一定影响，如果空间过于拥挤，很可能幼儿长大后会有攻击性倾向。[③]

① 祝叶. 经典游戏理论综述 [J]. 科技创新导报，2009（30）：171–172.

② 丁海东. 影响学前儿童游戏的物理环境因素 [J]. 山东师大学报（人文社会科学版），2001，46（5）：32–35，38.

③ 张元. 试析影响幼儿班级中同伴互动的外部因素 [J]. 山东教育，2002（Z6）：20–21.

史密斯和科纳利（Smith & Konnolly）指出了造成这一矛盾的可能原因，一是攻击性行为的界定不同，二是空间密度的变化与人均拥有环境设备的变化与否。因此，他们在 20 世纪 80 年代的研究中对此做了控制，即将空间、人数、设备都作为变量，将可使用空间限制在人均 15、25、50、75 平方英尺 4 种空间密度的条件下进行研究。[①] 结果显示，空间越拥挤，粗大动作的游戏行为会越少，从人均 75 平方英尺降到 25 平方英尺，就会对幼儿的社会性行为产生影响，这时，交往合作的频率增加，但继续降到对应数值以下后，攻击性行为出现的概率则大幅度提升。从中我们不难看出，幼儿往往能够在较大的空间环境下开展十分安静的游戏，由于人际沟通较少，所以一般不会出现攻击性行为。

我国的研究得出了与此基本一致的结论。华东师大学前教育系对幼儿园游戏空间的研究，是根据史密斯等研究人员所提出的研究结论开展的，认为空间密度并不会对幼儿的社会行为产生相应影响作用。从目前发展状况来看，我国幼儿园的人均密度基本保持在 2.3 平方米左右，将人均密度 2.4 平方米的数值作为参考，采用比较分析方式，研究空间密度与社会密度对幼儿游戏行为所产生的实际影响作用。对比研究对象分别是人均 2.4 平方米和人均 1.2 平方米的两种活动室内幼儿的实际行为，最终发现，人均空间越小，活动概率越低，而且会出现材料错用、滥用等现象。大部分情况下幼儿不会有语言上的交流，而且很容易对他人行为造成严重干扰。[②]

室内游戏环境的空间结构主要探讨室内空间的开放与区隔，以及如何安排空间的区隔，研究小型分隔区与游戏品质的关系。关于游戏室分为大型开放空间和小型分隔区域对游戏产生的影响，希汉和戴（Sheeham & Day）的研究表明，对大型的区域进行分割，有助于全面提升幼儿游戏品质，避免出现过于粗放的行为，同时可为合作活动的开展打下坚实基础。不难理解，如果在开放的空间内开展层次较低的游戏，相当于将幼儿放置到开放的环境中，噪音明显，幼儿会非常兴奋。相反，如果所处环境是一个狭小的而且封闭的空间，幼儿往往会喜欢独处，而且逃避与

① Stormont M, Zentall S S, Beyda S, *et al*. Playground contexts for aggression for preschoolers with hyperactivity[J]. Journal of Behavioral Education, 2000, 10（1）: 37–48.

② 张文新, 张福建. 学前儿童在园攻击性行为的观察研究 [J]. 心理发展与教育, 1996（4）: 18–22, 34.

他人的交流。研究人员表示，如果幼儿存在比较焦躁的情绪，而且容易对他人发起攻击，可能是因为他们在幼教机构中找不到私密空间。[①]

活动区不同的区隔形式，对游戏也会产生不同的影响。但其共同点是分隔物的高度设置必须科学，太高或太低都是不合适的，如果过高，势必遮挡一部分幼儿的视线，只有高低适当，幼儿才能轻松看见设备、材料，并能方便使用它们。区域之间的过道宽敞清晰，幼儿都能分辨清楚各活动区域，有利于幼儿在各活动区的适当流动和参与。通过观察发现，互补区域之间要彼此开放，确保幼儿想象力能够全面发挥出来，进而提升整体游戏品质。两个不同区域内可以开展融通活动，如积木和过家家区域，远离干扰区，两个区域的内容可以相互兼容，并可产生活动之间的联系；干扰区的远离和封闭，会使幼儿专心致志并增加游戏的持久性，因为两个区域的内容不相兼容，活动之间不仅毫无关联，还会相互干扰，如积木区与图书区。另外，调查发现，不同性质的游戏区域中，幼儿的游戏会表现出不同层次的社会性水平，如益智区多为独自游戏，美工区和图书区多为平行游戏，主题装扮区和大型建构区多为合作游戏。此外，语言的使用和发挥也不同，比起积木区、美工区和沙水区等，装扮区使用的语言在词句上更清楚，更有连贯性，想象力更丰富。

1.3.1.3 游戏材料的相关研究

当物品作为游戏的必要素材而添加某种意义时，它对幼儿来说就具有了意义。可见，材料是与游戏相随的，我们称之为游戏材料。

英国一项对幼儿的研究发现，97%的自由活动中，幼儿都在玩某些材料。[②] 材料的种类影响着幼儿游戏的倾向性。虽然就其本质来说，不是从材料中引出什么限定的游戏，而是幼儿本身具有某种游戏的欲望，即不是因为有了材料才存在游戏，而是因为需要游戏，材料才存在。然而观察结果显示，游戏材料类型对幼儿游戏选择起着一定的影响作用。部分材料很容易导致非社会性游戏行为的产生，如使用黏土、沙水进行的多为独自或平行游戏；有的材料则可以为结构建造游戏创造良好环境条件，如积木材料；模拟实物材料容易对想象性游戏进行相应引发。所以，在游戏材料选择过程中，已经对游戏种类形成了一定的影响，至于何时提供何种游戏材料，则意味着需要对游戏材料进行分类。

---

① 杨文.当前幼儿园环境创设存在的问题及解决对策 [J].学前教育研究，2011（7）：64-66.

② Bone J. Breaking bread : spirituality，food and early childhood education [J].International Journal of Children's Spirituality，2005，10（3）：307-317.

依年龄为标准分类。这种分类是根据幼儿动作发展、认知发展的年龄差异，在不同年龄上的兴趣以及所能操作的游戏材料上进行的估计。这种分类为家长和教师提供了解决不同年龄幼儿使用游戏材料问题的一般依据。但这种分类过于绝对化，容易忽略幼儿的个别差异，并且同一种游戏材料在不同年龄层次幼儿的内部所发挥的潜在效用往往存在较大差异。

根据材料物理功能开展相关类型划分活动。这种分类是依照游戏材料的主要特征和可能实现的教育功能，把游戏材料分成水中游戏材料、结构游戏材料、娃娃家游戏材料等，根据这种分类为幼儿提供游戏材料，可实现系统而有目的的教育目标。但在自由游戏中，以这种方法分类可能会忽略幼儿对游戏材料使用功能的想象潜能。如果让幼儿自己分类，可能会与成人有很大的差异，在幼儿的游戏中我们可以看到，许多不同的材料种类，在他们那里会做出整合性的玩法。[①] 有这样一个以幼儿为中心的活动室布置，研究者将活动室里所有的东西全部都搬至门外的走廊，然后允许幼儿把自己想玩的东西搬回，给他们充分的自由来安排这些东西。几星期后，凡是能搬动的东西全都进了活动室，而且大部分靠着墙，当中成为一个开阔的空间。幼儿通常是从墙边取来各种适合的材料，在中间进行美工、建构以及装扮等各种游戏，而本来分属于不同角落的材料，幼儿用以补充、整合，创造出了一个个复杂的、高品质的游戏情景。

按肌肉运动模式分类。这是根据能促进幼儿动作发展的设备和材料，把游戏材料分成促进大肌肉运动能力的器械和促进小肌肉操作能力的材料。这种分法有助于眼手协调技能的发展，但容易忽略的是幼儿的想象力，因此如何弥补这种缺陷，引发幼儿的想象，则成为需要我们思考的问题。

象征性游戏材料在幼儿象征性游戏中的地位举足轻重，其中囊括模拟日常生活用品的游戏材料（如筷子、盘子、鞋、化妆品）、模拟有生命体征的玩具（如娃娃、动物类的玩具）以及玩具汽车等。从性能上看，既有可直接操作的，也有需要依靠电池等供电系统提供动力的。模拟玩具中，根据生命体征的有无，可分为角色游戏材料和用具游戏材料两类。角色游戏材料包括娃娃、动物类玩具（如小狗、小猫玩具）。这些角色游戏材料在幼儿象征性游戏中经常充当需要照顾的对象，如妈妈照顾的"孩子"。用具游戏材料则包括交通工具，手机、电脑等办公用具以及筷子、

---

① 虞永平，张辉娟，钱雨，等 . 幼儿园课程评价 [M]. 南京：江苏教育出版社，2009：62–80.

盘子等生活工具。但无论角色类游戏材料还是用具游戏材料都是幼儿根据自己丰富的想象力和创造力制作出来的"工艺品"。也许它们的材料并不高级，甚至只是一些不起眼的小东西，但是在幼儿的创造下，都可变废为宝，成为华美的工艺品。

美国的比约克隆（Bjorklund）想通过改变游戏的工具来检测其影响性。[①] 他认为游戏工具可以分为三个类别：①可以引起关注性的工具。这些工具在被碰触玩耍时通过发出声响或者光亮来引起幼儿关注。②拼接益智类工具，是需要将已拆卸的零散部件拼接组合以达到对孩童益智效果的工具。③"过家家"类游戏工具。孩童将其他事物假设为其他工具并编造故事进行玩耍表演。比约克隆发现幼儿对拼接益智类工具玩耍的兴趣以及时间最长，并且能开发出更多游戏的规则性动作进行玩耍。比较其他的游戏内容来说，幼儿都很少出现将游戏工具比作其他东西玩耍的情景。即便出现这种动作，对比其他两种来说也是占极少比重的。对于年龄幼小的孩子来说，出现这种情况也应该是意料之中的，这个年龄段的孩子还没有具备太多象征游戏的能力。由此可知，游戏工具对于幼儿的游戏行为影响甚微。

对于游戏材料的类型，现在仅仅是简略区分，往往一种游戏工具可以演化出多种不同玩法的游戏，但每一种具体的游戏材料对于游戏工具独有的特性来说还是可以区分出其更适合于哪种游戏场景的。简单来说，通过幼儿玩耍的范围是可以轻易挑选出与之适合的游戏工具的，如"过家家"类游戏适合幼儿进行角色场景扮演。通过对游戏材料与游戏关系的大量研究总结得出，幼儿玩泥塑类工具、画画手工类工具、装束打扮类工具、机械类工具以及结构性工具时表现出完全不同的游戏行为，分为感觉运动类、非社会建构类、社会性假装类，其中结构类工具的幼儿会表现出独自游戏的行为。由此可知，幼儿对游戏的敏感程度以及性格差异可以通过幼儿对于游戏工具的喜好大致表现出来。

总之，游戏材料的选择与幼儿的年龄、性别、游戏种类有关，却又不是完全相关，重点在于游戏工具给幼儿带来的内心的愉悦感与外在的经验能力的提升，例如益智类拼图游戏可以提升幼儿的思维架构能力以及动手能力。幼儿在不同时期会对不同的游戏工具产生兴趣并以此获得

---

① 丁海东.影响学前儿童游戏的物理环境因素 [J].山东师大学报（人文社会科学版），2001，46（5）：32-35，38.

内心的愉悦感以及外在的成长。因此，不能想当然地将成人自我认为适合的工具提供给幼儿，而应让幼儿根据需要自行选择，并给予尽可能多的选择机会。

游戏工具不同的组合与数量对于幼儿游戏来说也会产生不同的影响。种类和数量不同的游戏材料搭配将影响游戏的主题和品质。从数量上看，同一种游戏材料数量较少，在年幼幼儿那里容易引起纠纷，但在年长幼儿那里则易引发社会性装扮游戏，因为游戏同伴可以通过各种交往，共同作用于这个游戏材料；如果游戏材料的种类较少，但同一种游戏材料的数量较多，那么在年幼幼儿那里会引起平行的机能性游戏，而在年长幼儿那里则会改变游戏合作的方式，成为团体性的游戏。①

从种类搭配上看，游戏工具也同样有定向作用。例如，当一套炊具与结构元件搭配在一起，结构元件便成了食品，引出装扮性游戏；一套结构材料中有无小人形象，对这套结构材料的玩法会有很大的不同，不加小人进行的是建构，加上小人进行的可能是装扮。材料搭配对幼儿游戏产生影响的原因在于，把游戏材料进行了不同种类的搭配后，幼儿便会产生完全不同的游戏玩耍体验。因此，将游戏工具仅仅做大致的区分，可开发幼儿的思维能力，幼儿可自由无拘束地对多种不同的工具进行排列组合，从而产生多种不同的玩耍体验。

在研究游戏工具对幼儿游戏动作的影响时，刘焱教授发现，游戏工具可以影响幼儿游戏中的主从关系。例如，幼儿游戏工具只有衣服、鞋子等，不给"主角"，那么这场游戏中的中心就是使用工具的动作，幼儿只是模仿成人的动作，而角色在游戏中甚少出现。而当出现"主角"之后，游戏的重点就在于人物，仿照成人的动作不再是游戏的中心，而是成了配角。由此可知，系列化的游戏材料有利于孩子形成良好的社会观。教育家蒙台梭利十分注重以游戏工具的各种特征为排序标准，并为幼儿设计了各种教具（如感官教具），强调严格的程序。而比约克隆的研究认为，游戏工具之间的组合关联性可以引导幼儿的行为发展，对于幼儿来说，其可玩性和新鲜度更加持久。

另一项研究认为，拥有一个玩具和多个玩具的效果是不同的。② 通常情况下，幼儿看到一个碗，就更容易玩"吃饭"等游戏；看到多个碗，

① 朱家雄. 幼儿园课程的理论与实践 [M]. 上海：华东师范大学出版社，2010：55-69.
② 丁海东. 影响学前儿童游戏的物理环境因素 [J]. 山东师大学报（人文社会科学版），2001（5）：32-35，38.

就更容易玩"请客""聚餐"等游戏。同样的玩具但玩具数量不同的情况下，幼儿就会发展不同主题内容的游戏。随着独立判断能力的不断提高，幼儿越来越能够从众多的游戏材料中筛选出自己所需要的和感兴趣的游戏材料来进行游戏。游戏材料的数量不宜过多或过少，越来越多的研究表明数量的不适宜会对幼儿产生不利影响：过多会影响幼儿发挥判断和筛查力，亦不利于养成勤俭节约的生活习惯；过少不利于幼儿创造力发挥。研究者们还尝试从不同的视角，用不同的方法研究不同种类和不同数量的游戏材料的搭配对游戏的影响，以发现其内在的规律。曾有人通过实验的方法来研究游戏材料的不同搭配对幼儿各类游戏的影响。比如，派普勒（Pepler）把一些木制益智类的游戏材料（如动物木块、交通工具）提供给 3～4 岁的幼儿，发现幼儿既可以把这些游戏材料合并成昆虫样木块，也可以随意自由地玩耍游戏材料。他分别采用两种方式把这些游戏材料分给幼儿。第一组幼儿的游戏材料是与一定形状的木块放在一起给予他们的，随即发现这些幼儿得到游戏材料后，通常进行的游戏是建构类游戏，或是与建构游戏相关的游戏类型。第二组幼儿进行游戏之前只获得了游戏材料，并没有一定形状的木块，实验发现这些幼儿随后发生的游戏活动不仅包括建构游戏，还包括其他游戏，如象征性游戏或戏剧性游戏。[1]

　　游戏工具具有的特征性影响着游戏行为，重点是指模拟物与抽象材料的影响。模拟物是指实物的小型复制品，或称为成品化游戏材料，往往引发的是装扮游戏。抽象材料是指无实物形象的物品，或称半成品、非成品游戏工具，也可以引导幼儿进行装扮类的游戏。成品和非成品的区别在于，前者的主题是在工具特征的暗示下进行的，后者则拥有更多的可塑性。菲尔德（Fields）曾做过这样的实验，将两个大小、形状、颜色、开孔数一样的大纸板箱进行装扮，一个装饰成汽车，一个装饰成无实物形象的抽象物。结果幼儿对待装饰成汽车的纸板箱所玩出的主题均与汽车相关，如旅行、运输，而对待装饰成抽象物的纸板箱玩出的主题范围则大大超出前者。[2]

　　因此，活动方法限制越少的游戏材料，越有助于幼儿想象力的发展。根据幼儿对材料操作方法的不同限制，可以将材料分为辐合型和发散型

① 刘焱. 幼儿游戏评价 [M]. 太原：希望出版社，1993：42-96.
② 李文馥，徐建琴，杨文泽，等. 幼儿园教师和家长的儿童绘画教育理念 [J]. 学前教育研究，2014（9）：14-21.

两种，也有人称之为高结构材料和低结构材料。前者活动方法多有限制，往往只有一种玩法、一种结果（如拼图、镶嵌以及形象模拟游戏材料）；后者可有不同操作方法，并产生不同结果（如积木、插塑以及非形象游戏材料）。派普乐（Plepler）曾做过一个实验，把一套镶嵌材料分别给两组幼儿：一组给镶嵌材料时配有镶嵌的形式板，这组幼儿玩的是建构游戏；另一组只给镶嵌材料，不给镶嵌形式板，这组幼儿玩的游戏既有建构性的，也有象征性的。[①]

显然，模拟物有特定的形象特征，这一形象特征所指示的功能、用法是明确的，由于它用法单一、功能固定，所以暗示了幼儿在游戏情景中的使用方法。抽象材料没有固定的形象特征，幼儿可根据自己对物的感知分析，对它的多方面特征加以取舍，以符合自己的游戏意愿。这两种材料不仅对游戏本身有着不同影响，对幼儿的智力发展也各有侧重，后者更有助于发散思维。因为两者的差异在于抽象物比模拟物在进行思维时多了一个中间环节。后者的思维过程如下：这是什么？它像什么？它可以用来干什么？这一中间环节正是以物代物的象征建构过程，通过这一过程，幼儿在思想上对当前刺激物进行改造，使之成为不在眼前的物的代替物，然后激活被替代物有关的动作表象。所以，两者在游戏上的差别是前者更多的是模仿，而后者更多的是创造。

自然材料并非指专门为幼儿游戏而创造出来的工具，自然材料可以是身边随处可见的一切（如泥土、花草、石块、树棍），以及日常生活中的废旧物品（如碎玻璃、旧毛线、废纸）。这些对于成年人来说毫无用处，但对于幼儿来说却是最好的宝藏。他们发挥想象力，用土来盖小房子，将碎玻璃当作棋子下棋，将废纸变成了货币，用小石子制成了汤料，把彩色玻璃碎片当作宝石……这一切并非是自然界预先设定，而是幼儿通过象征能力完成的特定游戏活动，是幼儿的自主活动，是幼儿的内在需要。由此可见，幼儿与大自然是统一的，幼儿的能动性造就了自然界为幼儿的游戏所用的特性。

在各种各样的象征性游戏材料世界里，有的是模拟实物的游戏材料（如小汽、小手枪、小动物、小勺子、杯子、小秤、小房子），造型仿真，在社会环境中其功能与应用场景确定（如小黑板等教学类游戏材料，只能用来玩"当老师"或"当学生"的游戏），工具的特性已经

---

① 朱家雄，华爱华. 幼儿园环境与幼儿行为和发展的研究 [M]. 上海：世界图书出版公司，1996：20.

有明确的指向。这些游戏工具大多是专门生产出来供此类目标玩耍的，可称为专门化的游戏材料；相对来说，使用无固定用途的日常生活中的废旧物品或一些天然材料（如碎玻璃、纸片、石块、花草）的玩法不确定，来源不正规，即为非专门化游戏材料。关于游戏材料的种类及其特点对幼儿游戏的影响，存在很多不同的具有代表性的研究。有人进行应用专门化和非专门化两类工具在不同年龄的幼儿（3岁、4岁、5岁、6岁）中的受欢迎程度的调查后发现，年龄越小的幼儿越喜爱模拟游戏，而年龄大的幼儿则喜欢利用工具创造游戏。①

年幼幼儿为什么会如此青睐这些不起眼的自然材料、废旧物品呢？这些玩具为什么对他们具有如此大的吸引力呢？其实，人类原本就是自然的一分子，来自自然，与自然依存，与自然相互作用，又通过改造自然，驾驭自然，从而进入现代文明。现代社会无须再用石头磨制刀具，无须人力运送石头，但在幼儿游戏中人类赖以生存的这种初级生活方式与现代文明社会生活方式共存，年龄越小越是如此。因为幼儿对自然界的一切一无所知，所以有着强烈探索的欲望，好像先祖探索生活的空间一样，由于好奇心的存在，幼儿对自然的游戏材料怀有特殊的感情。②虽然幼儿一出生便是在现代文明社会，享受的是已经征服了自然的现代文明，但他们对自然的认识仍有一个自身重新体验的过程。这个过程虽然浓缩，但对现代文明成果的理解却是不可或缺的过程。幼儿正是通过对自然游戏工具的玩耍来探索自然社会，并在愉悦内心的过程中积累经验。

首先，他们能从这些材料中得到自由的体验。这些材料是幼儿自己选择的，没有成人的安排，并通过他们的想象在手中变化无穷，随心所欲。不像教室里的游戏材料都是由成人为幼儿的各类游戏安排好的，即使有些废旧物品，也已有了特定的游戏指向，一经固定，不富于变化，所以那些现成材料更多的是引发一种他律活动，而无特定指向的自然材料才引发幼儿的自主活动。

其次，他们能从这些材料中得到创造的乐趣。自然材料要成为幼儿心目中想象的游戏材料，常常需要通过幼儿替代转换和动手制作的过程。在这一过程中，他们需要寻找材料，需要简单操作。当他们通过动手和想象

---

① Hebbeler K, Spiker D, Kahn L. Individuals with disabilities education act's early childhood programs : powerful vision and pesky details [J]. Topics in Early Childhood Special Education, 2012, 31（4）: 199-207.

② 罗恩菲德. 创造与心智的成长 [M]. 王德育，译. 长沙：湖南美术出版社，1993：33-39.

得到了游戏所需要的物品时，会由衷地体验到一种创造的乐趣，这种乐趣是商品化的现成游戏材料所不具备的。买来的现成游戏材料虽然精美，但往往只能赢得幼儿一时的感官快感，而自然工具是幼儿自己动手动脑并用汗水凝聚出来的，因此往往能具备最持久的新鲜感。

再次，他们能从这些材料中获得发展的价值。自然材料在转换成游戏材料的过程中，需要幼儿手脑并用，如当他们用一根细铁丝通过变换不同的方式玩耍，动手能力和动脑能力被锻炼的同时，也锻炼了自我的意志，由此陶醉在不断发展着的自主精神中。

最后，他们能从这些材料中尽兴。自然材料取之不竭、用之不尽，经济实惠，幼儿玩的时候没有约束，可以尽情玩耍，比起那些商品化的现成游戏材料来，它更具有活动的参与感，从而使幼儿得到极大的满足。幼儿是被游戏材料带来的感官刺激所吸引的，并非内在的游戏欲，应当让幼儿在游戏材料中遨游，灵活而创造性地驾驭游戏材料。

相关研究是针对不同特征的游戏材料对 3～5 岁幼儿象征性游戏活动开展所具备的影响作用而进行的。[①] 例如，幼儿利用提供的炊具、餐具进行游戏，内容与过家家十分相似，都是与做饭相关的，可选择的主题数量也相对较多。对于幼儿而言，使用相关材料开展游戏活动，是存在很多假动作可模拟的。举例说明，半个皮球能够替代的物品高达二十余种，扣到一个形状相似的瓶子上，就能塑造乌龟的形象。从中我们不难看出，在象征性游戏开展阶段内，多元化特征较为突出，幼儿可以充分锻炼想象意识，在丰富游戏情节、游戏内容的基础上，更加突出不一样的游戏主题。

这两种游戏材料不仅对象征性游戏自身影响存在较大差异，而且对幼儿智力开发效用存在很大的不同点。心理学家普拉斯基（Pulaski）曾以幼儿想象作为主要关注对象，在材料选择问题研究过程中，确保幼儿自身想象力的发挥不受任何因素的阻碍。随着游戏持续时间的延长，幼儿应变能力也会得到很好的锻炼。整个过程中，年龄层次越大，幼儿对游戏材料相关需求的改变程度也会越明显。[②]

从实际发展状况来看，当下的刺激与幼儿的认知之间存在较为紧密

① 王小英.“无为而为”的游戏活动与幼儿创造力的发展 [J]. 东北师大学报（哲学社会科学版），2006（4）：149-154.

② Halverson C F，Havill V L，Deal J，*et al*. Personality structure as derived from parental ratings of free descriptions of children：the inventory of child individual differences [J]. Journal of Personality，2003，71（6）：995-1026.

的作用关系。幼儿对专门化游戏材料所模拟的事物，必须以社会使用方向为核心，一旦与其存在较大差异，则无法按照正确方式使用。例如，幼儿在做半个皮球游戏的过程中，不能仅仅对刺激物形成认知，还要有相应联想力。半个皮球形状很像碗，或者可与玻璃瓶共同组成乌龟的造型，这是心理活动的最终结果。此种刺激方式也能够提高幼儿对事物的认知水平，整个过程中，确保相关感知需求得到全面满足。在综合要素取舍状态下，他们能够充分发挥自身所具备的取代作用，满足想象力条件，同时对联想意识进行全面培养。因此，在相关游戏开展过程中，我们应尽量选择非专业化材料进行玩具的模拟，通过"它像什么"一类的环节设置，对幼儿的心理思维方向进行有效引导。对于幼儿而言，模仿并不是重点，而是要对自身创新思维进行有效塑造。专门化玩具和非专门化玩具代表这两种不同的游戏难度与不同的智力要求。其形象生动、色彩艳丽，往往能勾起幼儿的兴趣，并且需要幼儿开发手脑来使用，因此更适合4岁以上能简单思考的幼儿使用。

还有一些研究者发现游戏材料的新旧程度也影响着幼儿游戏。幼儿周边出现不熟悉的新游戏工具时，往往需要先熟悉游戏工具，这种不断熟悉的游戏行为可称为探究活动或者探究游戏，其本质具有探究性。新游戏具有新鲜感，而旧游戏工具同样可以开发出新奇的玩法，这种开发新奇玩法的行为，可称为嬉戏性游戏或自主性活动。[①]

1.3.1.4 幼儿游戏环境评价的相关研究

幼儿游戏环境评价是幼儿教育评价的重要内容。我国从20世纪90年代开始关注幼儿园环境问题，经过20多年的发展，我国幼儿园的环境有了很大的改善。但要真正创设有利于幼儿发展的幼儿园环境，还离不开幼儿园的环境评价。幼儿园环境评价的目的在于营造幼儿园的环境应为幼儿的发展而建设的观念。为何要对幼儿园环境进行评价呢？其根本目的就是要跟进了解和掌握幼儿园环境现状及其发展变化的趋势，以便利用发展有利因素，同时发现和摒弃不利因素，营造越来越有利于幼儿发展的环境。

环境评价引导着幼儿园环境向好的方向发展。"正如建筑、水深是可以测量的一样，学校环境也是可以测量和评价的。通过测量和评价学校的环境以便营造更有利于幼儿发展的空间，例如测评时一个学校的评

---

① 黄朝菁. 关于在角色游戏中发挥幼儿主体性的思考 [J]. 学前教育研究，2001（4）：33.

价远远低于其他，那么就要及时整改。"[1] 这段话虽然仅仅简略地描述了环境评价的意义，但实际上也是对幼儿园环境评价的意义与作用的最好概括。

关于幼儿游戏环境评价量表和工具的研究方面，我国的研究比较薄弱，到目前为止，还没有一个能被大家所普遍接受的系统的幼儿游戏环境评价量表。国际上比较有代表性的环境评价量表是美国早期教育协会关于托幼机构质量认证标准中物质环境评价和赛木汗和理查德·克里夫制定的托幼机构环境评价量表。[2] 弗罗斯特提出了关于游戏环境的 10 条评价标准，如表 1.4 所示。

表1.4　游戏环境评价标准

游戏环境评价标准	具体要求
鼓励幼儿游戏	吸引人的、容易接近
	开放的空间和令人放松的环境
	从户内到户外通行无阻
	有适合不同年龄的设备和设施
刺激幼儿的感官	在比例／亮度／质地／色彩上的变化和对比
	多功能的设备
	给幼儿多种经验
激发幼儿的好奇心	可以让幼儿自己加以变化的设备
	可以让幼儿进行实验和建构的材料
	植物和动物
满足幼儿基本的社会和身体方面需要	给予幼儿舒适感
	设备和器械的尺寸适合幼儿的身材
	具有体能上的挑战性
促进幼儿和环境之间的互动	能为幼儿的行为提供一定规范的、摆放整齐的储藏室
	可供幼儿阅读、玩拼图或独处的半封闭空间
支持幼儿与其他幼儿的交往	各种不同的空间
	足够大的空间以避免冲突的发生
	能促进幼儿社会性交往的设备和设施

① 田慧生. 教学环境论 [M]. 南昌：江西教育出版社，1996：286.
② 李克建，胡碧颖，潘懿，等. 美国《幼儿学习环境评价量表（修订版）》之中国文化适宜性探索 [J]. 幼儿教育（教育科学），2014（11）：3-8.

游戏环境评价标准	具体要求
支持幼儿与成人的交往	易于保养和维护的设备设施
	足够大的和使用方便的储藏室
	方便教师观察监督的空间结构
	可供幼儿和成人休息的空间
丰富认知类型的幼儿游戏	功能性的、体能性的、大肌肉运动的、活动性的
	建构性的、创造性的
	扮演角色的、假装的、象征性的
	有组织的、规则的游戏
丰富社会性类型的幼儿游戏	独自的、独处的、沉思性的
	平行的、肩并肩的
	合作性的相互关系
促进幼儿的社会性和认知发展	提供渐进的挑战性
	整合户内和户外的活动
	亲子游戏
	家庭成员定期一起制订的游戏计划
	活动氛围活跃、活动范围广的动态游戏

　　我国先后出台了几个重要的法规和文件，对幼儿园环境要求做出了规定，成为我国幼儿园环境评价的重要参考标准。《幼儿园管理条例》中提出，幼儿园的园舍和设施必须符合国家的卫生标准和安全标准，幼儿园应营造既可以给予幼儿精心照管和养育，又可以为幼儿提供良好教育的环境，使幼儿健康发展。[①]《幼儿园工作规程》也指出，要提供开发幼儿思维与表现能力的活动与机会，更好地呵护幼儿成长，注重幼儿的个性发展，关注每个幼儿，根据教育内容的不同为幼儿提供不同的游戏活动。[②]《幼儿园教育指导纲要（试行）》中同样有这样的规定，即幼儿园应提供丰富的游戏活动，关注幼儿的个性，满足不同的发展需求，使幼儿在享受快乐童年的同时得到充分的发展。环境对于幼儿的发展至关重要，营造良好的环境有利于促进幼儿的发展。这就要求幼儿园做到以下几点：①创设有利于引发、支持幼儿的游戏和各种探索活动的空间和设

① 中国学前教育研究会. 中华人民共和国幼儿教育重要文献汇编 [M]. 北京：北京师范大学出版社，1999：300–301.

② 中国学前教育研究会. 中华人民共和国幼儿教育重要文献汇编 [M]. 北京：北京师范大学出版社，1999：423–424.

施，使幼儿更好地发展成长；②同伴群体及幼儿园教师是幼儿成长教育的重要一环，应使其在幼儿发展过程中产生积极的促进作用；③幼儿园教师应该用恰当的行为和管理方式给幼儿营造安心的空间，用良好的言谈举止为幼儿树立正确的行为观念。

幼儿园为幼儿游戏活动开展所创造的全部要素统一称为幼儿游戏环境。它包括物质环境与精神环境。其一，对幼儿园游戏的物质环境评价。对幼儿园游戏物质环境开展相关评估活动，不仅要对室内外游戏场所进行关注，还要注重游戏材料的实际投放状况。对幼儿园室外游戏场地的评价多是从室外场地面积、场地质量、设备机械、游戏安全等方面加以考虑。《托儿所、幼儿园建设设计规范》规定，每班应有不小于 60 平方米的室外游戏场地，同时应有全园共有的室外游戏场地。[①] 刘焱指出，考虑到用地紧张等现实状况，应考虑对幼儿园室外游戏场地进行评价时做一定变通与补充的评价标准，如考虑是否因地制宜、采取措施使游戏空间范围得到全面扩大，社会资源是否得到有效利用，在保证幼儿每天户外运动时间充足的情况下，不断提升游戏质量。对于室外游戏空间的材质要求方面，虞永平等认为，应尽量不伤害环境的自然性特征，地势平坦的沙地、草地、坡地等都比较适合，且要进行区域划分，要保证动静结合及预留一定的活动过渡区，同时应配置具有安全性、多功能组合性、可移动性及经济实用的器械。刘焱指出，一个有着结构合理、内容丰富的活动区被看作是一个良好的室内游戏环境的重要表现形式。[②] 王坚红指出，对室内活动区的评价，要看占用面积、内容丰富与合理程度、数量适宜程度、内外部结构、安全卫生等几个指标。[③] 游戏材料是幼儿进行游戏活动的物质基础，无论室外环境还是室内环境，都离不开一定的游戏材料。综合相关文献来看，评价游戏材料的关键点如下：一是数量充足；二是满足幼儿自身经验；三是方便开展相关操作活动；四是具有多功能和可变的特点；五是体现经济性和地方特色。其二，对幼儿园游戏的精神环境评价。不同研究者所提出的标准有异。虞永平等认为应从三个方面进行评价：一是看教师对幼儿是尊重，是平等还是居高临下，是耐心的还是急躁的，是欣赏、接纳还是否定、排斥，是启发、诱导还是

① 虞永平，张辉娟，钱雨，等．幼儿园课程评价 [M]．南京：江苏教育出版社，2009：62-80.

② 刘焱．幼儿园游戏与指导 [M]．北京：高等教育出版社，2012：306.

③ 王坚红．学前教育评价 [M]．北京：人民教育出版社，2010：271-284.

过于干涉；二是看同伴关系是开放的还是封闭的，是愉快的还是不愉快的，是分享合作的还是自私冲突的，是相互关心的还是彼此冷漠的；三是看心理氛围是宽松、自由的还是过于紧张、约束的，是和谐融洽的还是充满冲突的。[①] 王坚红则认为应从四个方面进行评价：一是观察幼儿能否专注于游戏，而且游戏过程中是否存在相互责怪现象；二是观察教师是否有赞许的眼光，包括是否能够对幼儿进行激励性引导；三是观察教师之间是否拥有良好人际关系，是否能够相互融合、相互帮助；四是观察人际沟通氛围是否良好。[②]

1.3.1.5 环境对幼儿的影响研究

游戏往往直接影响幼儿全面发展目标能否最终实现。幼儿作为易感人群，其游戏行为与状态有赖于周边环境，也是人与环境互动的产物。环境因素影响着幼儿游戏类型、数量、时间和质量。好的游戏环境可以增强游戏的强度及扩大游戏行为的范围，不良的游戏环境会对幼儿游戏行为有所限制，减少运动量。[③]

随着心理学的发展，到 20 世纪 50 年代以后，大多数心理学家一致认为遗传和环境因素对人的发展和智力成长都是必需的。遗传是人发展的基础和前提，但遗传的潜能只有与适宜的环境条件相结合才能显现出来。[④]

皮亚杰认为四方面因素可以对人的发展起到十分关键的影响作用，其中，物理与社会环境体现特征相对更为明显。个体在与外界物理环境进行接触的过程中能够累积相关经验，在脱离环境状态下是无法获得经验的，经验储备不完善将直接影响发展目标的最终实现。[⑤]

美国心理学家巴克（R. G. Barker）等人倡导的生态心理学通过一系列的研究得出如下结论。①个体与行业行为是一个整体，而且人与环境是相互影响、相互作用的，大部分情况下，环境可以对个体产生十分关键的影响作用，个体根据相关环境对自身行为进行调整，也会间接对环境产生一定影响。②对于个体而言，环境也会发生相应改变，不同个体持有的态度不同，总结的环境内涵也存在较大差异。③当个体从单一环境向其他环境

① 虞永平，张辉娟，钱雨，等 . 幼儿园课程评价 [M]. 南京：江苏教育出版社，2009：62–80.

② 王坚红 . 学前教育评价 [M]. 北京：人民教育出版社，2010：271–284.

③ 宿孝清 . 幼儿园环境创设对提升幼儿能力的思考 [J]. 山东教育，2017（35）：59.

④ 中央教育科学研究所比较教育研究室 . 人的发展 [M]. 北京：教育科学出版社，1989：190–191.

⑤ 王振宇 . 儿童心理发展理论 [M]. 上海：华东师范大学出版社，2000：209.

转移时，自身行为也会发生相应改变；不同个体在相同环境中，可能与其他环境行为存在相似性；相同个体即便处于不同环境中，稳定性特征也会十分显著，整体环境所发挥的影响作用也相对较为关键，个体特征影响效用往往并不显著。④个体进入相关发展阶段后，自身将承担相对较高的压力。[①]

还有学者从考察环境和幼儿发展的关系入手，分析环境与幼儿发展的关系。琼斯（E. Jones）在《教—学环境向度》一书中尝试从五个项度开展相关互动关系研究活动。[②] 她所提出的这五个项度对于分析幼儿园的环境和幼儿的发展之间的相互关系具有十分重要的价值。这五个项度如下：①冷硬—柔和。指环境的感应性和物理适应性，也即是说环境的各个因素所引起的人的生理或心理的感应性。研究表明，柔和的环境可以导致更好的技能、更高的动机和士气以及较低的憎恶感。柔和可以改变一个环境的特性和给人的感受。色彩、灯光、温度、建筑材质、家具的排列方式等都是引导人的行为反应的重要因素，除了这些物理的因素外，教师的态度、行为方式、言谈方式等因素的冷硬还是柔和同样会引起幼儿的不同行为。②开放—封闭。指环境各因素对人的行为所做出的限制程度。器材与材料都有开放式与封闭式之分，相比较而言，开放式器材和材料更能鼓励幼儿创新，也比较容易受幼儿欢迎。活动室中的开放和封闭之间的平衡并非是静态的或预先设定的，它会随着空间和幼儿需要的变化而变化。③单纯—复杂。指器材、设备或环境所能吸引人的程度的多少，也就是各种设备吸引幼儿兴趣的方式如何。设备的单纯性主要表现为只有一种明显的用途；而复杂的设备能给幼儿提供两种以上的用途。复杂的环境有助于幼儿创造力和想象力的培养，但只有当幼儿有能力进行复杂的活动时才适宜提供复杂的环境。④介入—退隐。当"环境"适当地介入或干预时，它可以带给当事者新的刺激，引起探索与学习的动机，但它过度地介入或干预，又容易引起焦躁不安或被动的行为模式。"退隐"的环境则提供较少的刺激，可让人心静，有助于情绪性自抚或思考学习。当一个人想独处却无法拥有退隐空间时，他很可能会企图创造自己的退隐方式，若是长期无法拥有退隐的空间则更会产生焦虑暴力倾

① 朱家雄，华爱华.幼儿园环境与幼儿行为和发展的研究 [M].上海：世界图书出版公司，1996：20.

② 费妮.学前教育——在孩子的世界里，我是谁？ [M].黄慧真，译.台北：台湾桂冠图书股份有限公司，1987：187.

向。我们既要考虑如何介入幼儿活动，又要注意如何为幼儿提供一个退隐的、相对封闭的空间。⑤低活动性—高活动性。这里的"低活动性—高活动性"指环境中所能提供的或暗示的大肌肉活动程度。高低活动量的活动都是幼儿所必需的，因此幼儿园环境中的各因素应因时因地并因人的不同而不同，力求找到一个平衡点以满足幼儿的发展需要。各理论流派从不同角度得出相同的研究结论，即幼儿园环境对幼儿的发展具有重要的意义。

1.3.2 象征性游戏中幼儿行为评价的相关研究

对游戏中幼儿行为的有关研究主要集中在对象征性游戏中幼儿的观点开展相关评估活动、对幼儿游戏中幼儿行为的评价内容、游戏中幼儿的同伴互动几个方面。

1.3.2.1 对象征性游戏中幼儿的观点开展相关评估活动

正是由于象征性游戏具有促使幼儿"去中心化"的潜能，所以往往被心理学家用作训练幼儿从他人的角度考虑问题的能力的手段。心理学家往往用角色扮演（role-taking）或观点采择（perspective-taking）能力作为"去中心化"的测评指标。[①]

角色扮演或观点采择主要是指在综合考虑自身与他人观点的基础上，按照社会或他人的期望和要求表现出来的一系列角色行为或行动。一般情况下，能力提升是开展相关合作的基础条件。[②] 为了介入交往活动，幼儿必须能够理解别人的思想、情感与看法，并且要根据当时的交往活动的特殊要求调整自己的行为。同时，这种能力也是自我概念形成的一个重要因素，因为幼儿正是通过别人对自己观点与行为的反应来认识自己的。

心理学家一般用两种方法来分析与评价幼儿的观点采择能力。一种偏于认知，一种偏于情感。两种任务难度是不同的。比较有代表性的方法是"生日礼物挑选法"，是布恩和布雷纳（Burns & Brainerd，1979）在弗拉维尔等人（Flavell，et al，1968）的研究的基础上提出来的。[③] 这种方法偏于认知任务，具体做法是先把一系列物品呈现给幼儿，然后要

① 张文新. 儿童社会性发展 [M]. 北京：北京师范大学出版社，1999：103-110.
② 陈学锋. 儿童观点采择能力的发展 [J]. 心理发展与教育，1994（4）：37-39.
③ Derntl B，Finkelmeyer A，Voss B，et al. Neural correlates of the core facets of empathy in schizophrenia[J]. Schizophrenia Research，2012，136（1-3）：70-81.

求幼儿从中为不同的人（如父亲、母亲、同伴）选择适宜的生日礼物。另一个是偏于移情任务的方法，叫作"多维度故事移情讲述法"，由张德勒（Chandler，1973）提出。[①] 具体的做法是先给幼儿标准化的系列化图片，然后由成人对幼儿提问，要求幼儿从不同人物的角度来讲述故事。以下面这个图片系列为例：①一个女孩在堆雪人；②太阳出来了，雪人融化了，女孩很伤心；③女孩朝家走去，在路上闻到一阵香味，她再度高兴起来；④她发现了香味的来源，原来是点心店的橱窗里有做成雪人形状的点心，她很难过；⑤迷惑不解的面包师看着悲伤的小姑娘。看完这系列图片后，先要求幼儿试讲每一张图片，尤其要求注意图片中女孩的想法与情感。第二次讲述时，则要求幼儿从面包师的角度来看发生了什么事情。这里的关键是要评价幼儿的移情能力，即幼儿能否灵活地从先前的小姑娘看问题的角度（如女孩看到点心难过是因为她还记得融化掉的雪人），转移到面包师看问题的角度（如也许小姑娘不喜欢点心）。

1.3.2.2 对幼儿游戏中幼儿行为的评价内容

对幼儿游戏中幼儿行为的评估，主要包括一般行为与特定游戏行为的评估。其一，幼儿在游戏中的一般行为评价。刘焱认为，若要了解幼儿在游戏中的一般性发展情况，则应关注其游戏目的、注意力与兴趣表现、游戏玩法、社会性参与水平、交往性质、交往态度、遵守游戏常规的自律能力、情绪表现、坚持性操作能力等指标。[②] 丁海东认为，应关注自选游戏、主题确定、材料使用、人际关系、活动持续性等指标。[③] 其二，幼儿在各类游戏中的行为水平评价。研究者对于如何评价幼儿在各类游戏中的行为提出了自己看法。对于角色游戏中幼儿的行为水平，虞永平等认为应考察"认知与技能""情感体验""社会性发展"三个方面，而且可以自主进行游戏主题选择，同时体现游戏发展的整个过程，其中也包括社会参与度指标等。[④] 对于结构游戏中的幼儿行为水平，丁海东认为，应关注材料选择与运用、建构技巧、主题的目的性、建构过程中的专注程度和社会性行为水平等指标。[⑤] 针对幼儿在游戏过程中的

① 王敏，吕静.儿童在认知物体时区分看见的和知道的观点采择能力发展的实验研究[J].心理科学，1990（6）：8-13，65.

② 刘焱.幼儿游戏评价[M].太原：希望出版社，1993：42-96.

③ 丁海东.学前游戏论[M].济南：山东人民出版社，2001：174-216.

④ 虞永平，张辉娟，钱雨，等.幼儿园课程评价[M].南京：江苏教育出版社，2009：149-168.

⑤ 丁海东.学前游戏论[M].济南：山东人民出版社，2001：174-216.

基于 CIPP 的幼儿象征性游戏评价研究

实际表现，王坚红强调应考察实际状况与任务完成情况，有针对性地开展指标设计活动。结合幼儿在游戏中的自主参与表现，王坚红认为应关注游戏类型与主题的确定、游戏内容的丰富程度、问题解决情况及个性发展等指标。[①]

1.3.2.3 游戏中幼儿的同伴互动

游戏中的同伴互动是幼儿游戏行为研究中的重要课题。同伴（peer）一词是指地位处境相同的个体。在幼儿发展研究领域中，同伴一词专指同年龄的幼儿。同伴交往要求幼儿具有发起交往和参与交往的兴趣，能够积极主动地对待同伴，能够理解同伴的态度、意图、表达，能够协调自己与同伴的想法与行动等。利西娜认为应从以下四个方面判断幼儿的同伴交往行为：①幼儿是否注意到同伴并对其感兴趣；②是否出现对同伴的情绪性行为，同时可以把幼儿的实际态度综合反映在评价结果中；③是否采取了主动的措施以提高同伴对自己的关注度；④对同伴的态度是否敏感，是否具有敏锐观察力。[②]

怀特（Wngh，1980）发现，在同伴关系中有三种因素可以对幼儿的社会适应能力产生影响：①努力提高同伴的关注度；②使同伴持有的游戏工具最大程度体现其效用；③努力成为同伴群体中的核心重要人物。[③] 这些研究结果表明，幼儿不仅应当在同伴之间搭建积极的人际关系，而且要学会与同伴和谐交往，学会把同伴当作人际发展的资源，才能更好地适应集体生活。一般来说，在成人控制程度高的、高度结构化的环境中，相比成人控制程度低的、低度结构化的环境，幼儿更不容易形成社会性适应行为。在人际交往中，总是以成人为定向的、习惯于从成人那里获得支持、安慰与帮助的幼儿，比以同伴为定向的幼儿往往不具备较高社会适应能力。[④]

同伴相互作用能够全面提升幼儿的社会认知水平，此种理念已经得到社会各界的高度认可。皮亚杰认为，对于幼儿的社会适应能力的发展来说，同伴交往的重要性超过幼儿与成人的交往。[⑤] 同伴之间的相互作

① 王坚红. 学前教育评价 [M]. 北京：人民教育出版社，2010：271-284.

② 徐雪，胥兴春. 基于心理理论的幼儿同伴交往策略指导探析 [J]. 教育探索，2015（2）：40-43.

③ 姜勇，李艳菊，黄创. 3～6岁幼儿同伴交往能力影响因素模型 [J]. 学前教育研究，2015（5）：45-54.

④ 武建芬. 幼儿同伴交往对其心理理论发展的影响 [J]. 学前教育研究，2007（4）：9-13.

⑤ 周丽华，曹中平，苏林雁. 游戏情境中幼儿的同伴交往策略系统 [J]. 学前教育研究，2012（4）：36-40.

用是幼儿社会化的重要影响因素。与幼儿与成人的交往相比，在幼儿同伴交往中产生的关于世界的不同的看法与认识更具冲突性，而且能够有效促进幼儿调整自己的观念，以适应、理解他人的观点。

以象征性游戏为主要形式的同伴交往，可以促进幼儿社会性能力的发展，使幼儿有机会学习与掌握各种社会性交往技能。象征性游戏本身就是合作的过程，具有共同参与、轮流交替、重复与非实意性行为等特征，需要各种社会性交往水平。从鲁宾的相关调查过程中我们能够了解到，象征性游戏在后续发展过程中，可能会成为社会适应能力评估的重要指标。[①] 幼儿如果所具备的游戏水平相对有限，则在后续发展过程中往往无法快速适应新的社会环境。

罗森对处境不利的幼儿进行了社会性象征性游戏训练，用托兰斯小组建构任务（以小组为单位，用130块连环积木在15分钟内搭出一样东西，如一座学校）和麦迪逊合作板测量游戏训练对幼儿合作能力的影响。托兰斯小组建构任务与麦迪逊合作板都要求小组成员之间有最大限度的合作与最小限度的竞争。测评指标包括在建构中所使用的积木的数量、小组成员参与活动的积极性、小组活动的气氛（如放松、紧张、友好）与结构（有无组织）以及小组任务完成的情况等。[②] 从结果中我们能够看到，平时接受过锻炼的组别往往可以用更快的速度达到任务目标要求。这是因为在社会性象征性游戏中，每个游戏者一方面要扮演自己的角色，另一方面要考虑与其他角色之间的关系以及自身行动与整个主题的关系。社会性游戏本身就要求游戏者相互合作。

象征性游戏进行过程中，幼儿需要处理相应人际交往问题。举例说明，在同伴加入游戏后，一旦出现矛盾冲突该如何解决。从研究结果中我们能够看到，在其他同伴想要进入过程中时，游戏就已经形成，但大部分情况下，同伴的加入请求都会被拒绝。主要原因在于幼儿都有不愿被打扰的自我保护天性。经过 2～3 次的尝试，50% 的幼儿可以顺利加入游戏中。具体阶段内，可采用的战略如下。①请求："我也能玩这个吗？"②评论："我看，这太高了，你在做什么呢？"③建议："我可以当阿姨。"或"我能当小弟弟吗？"④邀请："你来和我们一起玩好吗？"⑤

① 张璐璐，高东慧.班级幼儿同伴交往的特点与原因分析 [J].学前教育研究,2015（4）:64–66.

② 王小英."无为而为"的游戏活动与幼儿创造力的发展 [J].东北师大学报（哲学社会科学版），2006（4）:149–154.

基于 CIPP 的幼儿象征性游戏评价研究

提供游戏材料："你要玩这个吗？"⑥模仿同伴的游戏动作，如扮演邮递员进入娃娃家游戏等。

幼儿与同伴的关系以及同伴集体对他的接纳状况，通常以幼儿在群体中的受欢迎程度来评价。① 从研究结果中我们能够看到，3 岁左右的幼儿在受欢迎方面存在一定差异，而且幼儿的游戏水平与受欢迎程度息息相关。相对而言，如果受欢迎程度高，幼儿参与游戏的数量也会较多，人际交流能力也会得到很好的锻炼，往往能够给同伴提出建设性的好主意或中肯的、适宜的意见。他们往往是游戏的发起者，是小同伴中的"头儿"，他们知道如何与别人合作进行游戏并分享游戏材料。受欢迎程度较低或者不懂得风向的幼儿往往容易在人群中受到排挤，因此失去在一起游戏的机会。②

对追逐打闹游戏的研究表明，受欢迎的幼儿能够明确区分嬉戏性行为与攻击性行为。他们的追逐打闹局限于可接受的嬉戏性范围中，几乎不会变成真正的攻击性行为。不受欢迎的幼儿往往会混淆嬉戏性行为与攻击性行为之间的区别，不能明确区分两种行为之间的不同，他们的追逐打闹往往极易演变成为攻击性行为。他们往往在开始时使用嬉戏性行为来欺骗同伴，然后把这种嬉戏性行为转变为真正的攻击性行为。③

由于游戏在某种程度上可以作为预测幼儿在群体中受欢迎程度的指标，一些研究者在皮亚杰的游戏的认知分类与柏顿的社会性分类的基础上，形成了幼儿游戏的社会性 - 认知矩形观察量表，用以考察幼儿之间的同伴关系。示范园象征性游戏的观察结果也表明：花大量时间独自摆弄物体的游戏的幼儿，往往被老师认为是缺乏社会性交往能力的、不受同伴欢迎的孩子；花大量时间进行合作的社会性表演游戏和有规则的游戏的幼儿，通常容易受到同伴的欢迎，被教师认为是具有较高的社会性发展成熟度和敏感性的孩子。

鉴于游戏与群体中受欢迎程度之间的这种密切关系，一些心理学家与教育工作者试图利用游戏来改善不受同伴欢迎的幼儿在群体中的地位，提高他们的群体适应能力。这种研究一反传统的强迫幼儿群体接受这些不受欢迎的同伴的方法，采取在游戏中对这些幼儿进行个别辅导，教给

① 龚柳娟，金浩，王滨 . 幼儿角色游戏水平及一般发展趋势的调查研究 [J]. 上海教育科研，1997（1）：47–48，50，9.

② 姜兰芳，许丽萍 . 幼儿个性和谐发展的内涵、途径与模式 [J]. 学前教育研究，2010（5）：69–72.

③ 黄小莲 . 攻击与被攻击幼儿教育策略浅释 [J]. 学前教育研究，2006（6）：11–14.

他们适宜的社会性交往技能的方法（如合作、参与和交流）。结果表明，这种训练的效果极其显著：经过一个星期的训练之后，这些幼儿在群体中的地位开始发生变化，有些甚至成为最受欢迎的幼儿。训练效果还具有长期效应：一年之后，当研究者再度返回检验先前训练的效果时，这些幼儿的进步仍然是明显的。[①] 其他一些研究结果也都证明，帮助幼儿掌握有效交流技能，可以避免他们在新环境中出现不适应的情况。

象征性游戏中，同伴之间存在不同影响的方式，心理学中一般通过社会关系测量法测量人际关系。[②] 社会关系测量法是心理学家莫雷诺创造的，他认为群体成员的相互作用是以各种吸引为基础的，其关键在于彼此好恶的感情。[③] 他制定了一种由社会群体成员自己回答的问卷，填写的内容分为"吸引""排斥""不关心"三类。采用社会关系测量法对参加象征性游戏的幼儿群体进行测量，通过观察或咨询幼儿对每名成员的真实感受，包括自身愿意和谁一起游戏等，将幼儿反映的情况绘成象征性游戏中幼儿群体成员关系图。根据关系图可以分析群体成员的关系情况：A、B、C、D 与 G、H、I 是两个临时组成的象征性游戏群体，内部关系非常密切；两个群体的成员 B 与 G 有联系；J 在群体中是比较孤独的，但比 F 的情况要好，F 被 D 和 E 排斥。这样我们就可以看出群体中每个幼儿的人际关系究竟如何，如图 1.1 所示。

① 周婧炜，徐伟清，朱振华．幼儿入园适应障碍干预的研究现状 [J]．中国校医，2011，25（9）：709，711．

② 梁建，王重鸣．中国背景下的人际关系及其对组织绩效的影响 [J]．心理学动态，2001（2）：173-178．

③ 黄四林，韩明跃，张梅．人际关系对社会责任感的影响 [J]．心理学报，2016，48（5）：578-587．

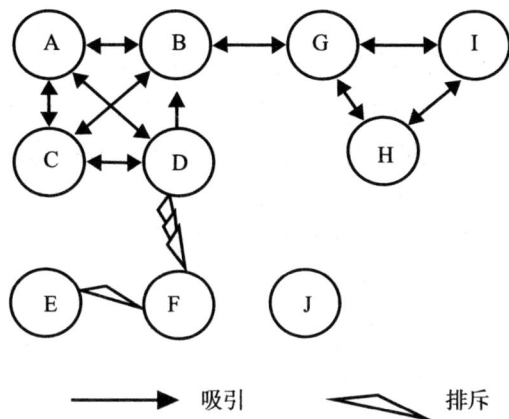

图 1.1　象征性游戏中幼儿群体成员关系

　　为了进一步验证群体成员关系，调查同时使用了相互作用分析法。相互作用分析法是贝尔斯于 1950 年创造的一种分析群体成员关系的方法。[①] 贝尔斯通过研究发现，如果群体活动没有领导者，群体对成员行为就包括两种类型：一类是成员对工作行为的作用；一类是群体成员作用于他人的行为。这些行为有时起积极的、促进的作用，有时起消极的、反向的促退作用，如表 1.5 所示。

表1.5　群体成员相互作用分析

群体成员行为作用对象	群体成员行为表现	行为特点
他人（人际关系）	正（积极的）	1.团结、帮助、鼓励、消除紧张 2.讲笑话、幽默 3.谅解、赞成、照办
	负（消极的）	1.不赞成，表示消极的拒绝 2.表示紧张，要求帮助 3.表示对抗，维护自己
工作	正（积极的）	1.提供建议、指示 2.提供意见，发表感受 3.指示方向，重复说明，澄清观点
	负（消极的）	1.要求明确方向、核对方向 2.征求意见和估价 3.征求建议和指示

---

① 叶子，庞丽娟.论儿童亲子关系、同伴关系和师生关系的相互关系 [J].心理发展与教育，1999（4）：50–53，57.

象征性游戏是幼儿自发的以幼儿为"主体性"的活动，教师干预较少。因此，象征性游戏也可以用相互作用分析法测量人际关系。象征性游戏开展阶段内，幼儿的个体行为也会对其他幼儿行为产生一定的影响，具体表现为协调人际关系或引起人际矛盾；如果群体中幼儿行为作用于活动，则幼儿之间的关系就多表现为游戏合作关系。调查发现，游戏中幼儿之间的相互关系和作用比较复杂，幼儿相互影响的体现方式包括以下几种：第一，示范。游戏过程中，幼儿的行为很可能被其他幼儿所模仿。第二，改正。游戏过程中，幼儿出现错误行为很可能被其他幼儿所纠正。第三，强化。一部分幼儿在实施交往策略过程中，带来积极的情感体验的策略会被保留并加强。幼儿共同参与游戏活动时，很多情况下会因为材料问题而引发冲突。不同个体所采用的策略存在较大差异，每个幼儿想得到相关游戏材料，都会使用对应策略，长期发展下去便会形成个体交往的具体风格。所以，游戏既可以对幼儿交往自主性进行全面培养，也有助于累积有效交往策略。不管是幼儿自己想出来的还是成人或教师教给幼儿相关准则，必须在实际发展过程中得到有效应用，才能够达到预期发展效果。第四，相互补充。幼儿都是出自不同的家庭，生活方式等差异导致其在一同游戏过程中可以达到优势互补，这也将为幼儿的成长创造良好的基础环境。

1.3.3 教师对幼儿象征性游戏的支持与指导评价的相关研究

教师对幼儿游戏的支持与指导评价的相关研究主要集中在教师的指导内容和频率、方式、支持与指导、作用和评价方面。

1.3.3.1 关于教师的指导内容和频率的研究

法尔和科特斯（1993）以及厄尔威（1993）在研究过程中强调，教师往往比较重视幼儿对游戏的认知，而较少给予幼儿社会性相关的支持，该部分活动仅占调查游戏时间的2%。格林德和约翰（1994）的研究发现将近40%的教师比较支持游戏活动的开展。[1] 所以，教师在参与游戏时的质量不容乐观。

研究发现，并非教师指导越多，幼儿的游戏水平就越高。上海市某幼儿园经过多年对象征性游戏指导的实践、研究、反思后发现，教师的

① Johnson J E, Christie J F, Yawkey T D. 儿童游戏——游戏发展的理论与实务 [M]. 吴幸玲，郭静晃，译. 台北：扬智文化事业股份有限公司，1994：195.

指导行为与幼儿的游戏进展和幼儿的游戏体验并不一定成正比，即并非教师在游戏中的指导频率越高，幼儿的游戏水平就越高，教师参与幼儿游戏越多，幼儿的游戏水平就发展得越快。他们不仅反省了自己的游戏指导行为，还调查、观察、分析了另一部分幼儿教师对游戏的指导行为。结果发现，在游戏指导中，教师的主动行为占95.7%，受动行为占4.3%，说明教师在幼儿游戏中的指导完全处于积极主动的状态。65%左右的主动行为都是在主动意识作用下形成的。[①] 主观性行为主要是指教师将自身主观意图强加给幼儿，而缺乏对基础指导的有效关注。一些教师指导与实际行动需求不一致，很容易出现幼儿偏离行为；干扰过度也会阻碍幼儿主动交流意识的培养；部分情况下，教师介入往往无法达到预期效果。从中我们不难看出，教师的有效指导率并不高。

1.3.3.2 关于教师的指导方式的研究

教师介入象征性游戏时一般有以下情形：①教师评价幼儿的行为表现（例如"昨天小朋友提意见说餐厅太乱太脏"）；②信息性询问（例如，"这个家谁是姥姥呀？""你在榨橘汁吗？"）；③直接建议某种行为（例如，"妈妈该做饭了""你再去看看其他小朋友需要些什么"）；④制止幼儿之间的身体冲突；⑤参与幼儿的游戏（例如，与幼儿一起坐在餐桌前吃饭）。其中，"直接建议某种行为"的指导并没有引起幼儿的任何反应。[②] 虽然已有研究表明，教师适当对幼儿进行指导，有助于幼儿整体游戏水平的提升，但是教师在指导时还是要注意多方面要素，如时机、方式。

干预形态主要包括内部干预和外部干预两种形式。其中，外部干预主要是指教师在游戏引导过程中，始终站在外在角度考虑问题，并对幼儿行为进行有效引导、鼓励、支持等。例如，象征性游戏过程中，教师看到孩子在摆弄布娃娃，则可以引导孩子："你看，娃娃可能有点不舒服，你可以帮她检查一下身体，看看需要不需要打针。"教师还可以引导孩子做布娃娃的妈妈，带她到医院去接受检查。整个过程中，彼此语言的交流也有助于对人际沟通能力的培养。研究领域将此种引导方式称为直接引导。而内在干预主要是指教师充当群体内部角色，参与幼儿游戏过程，通过行为、语言等要素，对幼儿行为进行有效引导。举例说明，教师可

① 张天军. 提升幼儿教师游戏指导策略探究 [J]. 内蒙古师范大学学报（教育科学版），2014，27（5）：42-44.

② 张天军. 提升幼儿教师游戏指导策略探究 [J]. 内蒙古师范大学学报（教育科学版），2014，27（5）：42-44.

以扮演生病的患者，到医院去接受孩子们的治疗。整个过程中不会给孩子任何的暗示，孩子就是医生，根据自身经验与教师进行互动。一部分研究人员表示，内部干预行为能够对幼儿的游戏能力进行全面培养，同时对幼儿游戏行为进行相应塑造。所以，教师直接参与游戏过程，很可能对幼儿行为进行严重限制；而干预塑造幼儿的游戏行为往往很难达到预期效果，主要原因在于教师没有直接参与对应过程，不能强制要求幼儿去做一些动作，幼儿可以结合实际状况选择是否接受教师建议，因此干预力度相对较低。[①] 关于哪一种干预更为有效，这不是一种定论，还要参考游戏的需要和幼儿的年龄特点。一般来说，年龄越小，越适宜通过内在干预塑造幼儿的游戏行为；年龄越大，越适宜通过外在干预为幼儿提供可以自主选择的行为方案。

教师对幼儿象征性游戏的干预有两种形式，即共同游戏和现实比照，分别对应着不同的干预方法。共同游戏即是教师真正加入幼儿游戏过程，而且不能占据主导地位，要配合幼儿的活动，选择合适方式适当给予幼儿建议。此种方式的优势在于，提升整体乐趣过程中，也能够对幼儿行为能力进行全面培养。所谓现实比照是指教师站在旁观者的位置将游戏与现实世界紧密联合起来，体会幼儿可能产生的感受，进而对相关行为进行有效引导。由于这种形式常常会影响幼儿的装扮及对话（教师常常是用已知答案进行封闭式问话），所以这种方法应该少用，但如果应用得法，可能会提高幼儿思考的技巧，增加幼儿新的知识经验。

教师对游戏干预的机制有以下几种类型：①情绪感染。感染具有情绪传递的作用，不会有压力，教师对幼儿游戏保持较高参与热情，从精神层次入手，对幼儿进行支持，这样教师的干预才会产生影响。②行为暗示。暗示具有无意强化的意义，也不会有任何压力，教师通过行为、语言等对幼儿产生相应影响，同时幼儿能够接受教师的干预。当然，暗示的效果还取决于幼儿对教师的信任度，而师生关系决定了信任的效应。③群体影响。对于群体成员而言，很多行为都是在互动过程中产生的，群体成员都会相互影响，这也是每个幼儿游戏行为形成的重要因素。教师在对个体行为进行有效引导的过程中，是否能够产生群体影响作用，往往直接影响游戏结果。

在合适的时机进行游戏指导，往往可以达到事半功倍的发展效果。只有时机准确，才能够确保游戏内容丰富。实际发展阶段内，具备相应

① 蒋静.家园沟通的三点措施[J].早期教育（教师版），2009（9）：29.

影响作用的因素主要包括两种：教师的主观期待以及幼儿的实际需求。笔者对相关情形进行如下总结，强调教师要在正确时间产生对应引导行为：幼儿无法独立创建游戏场景；幼儿无法顺利与人进行沟通；幼儿重复此前行为；深层次衍生存在问题；材料不足，游戏停滞不前；游戏技能受阻；负面效应影响作用显著。

萨顿·史密斯（Sutton Smith，1974）表示，非特殊情况，教师不应加入相关游戏过程，即便个人认为自身的加入不会对幼儿游戏造成不良影响；或者认为介入是自身工作职责，但并未体会到游戏的乐趣；感到身体太累、心事太重时。[①] 这说明，教师所把握的干预时机不仅指幼儿游戏的客观状态，还包括教师参与游戏的相关意愿，一方面是幼儿需求，另一方面教师也热爱这样的活动，两者都是直接影响游戏干预效果的重要因素。教师的介入无论是否达到预期目标，都要适时退出游戏，因为干预过多很可能达到相反的效果，同时可能会在幼儿游戏中掺入过多的成人意志，进而对幼儿的自主活动产生严重阻碍。简单地说，无论是游戏介入还是退出，都要在合适的时间进行。

1.3.3.3 教师的支持与指导的研究

研究发现，在有教师在场和无教师在场，教师对于幼儿行为密切关注，随时向他们提出一些要求，纠正一些行为，以及教师仅仅在幼儿需要时给予一些支持和帮助这几种情况下，幼儿游戏行为的自主性、创造性、灵活性和愉悦性的程度都是不同的。教师对幼儿行为控制得越少，幼儿所体验到的自由度越大，其各方面的潜力也就发挥得越好。

幼儿在游戏中很可能受技能因素的限制而导致游戏被迫暂停。有研究者曾经就什么因素能使幼儿在游戏中长时间全神贯注和变换花样进行研究，发现如果有一个成年人在场，那么这个成年人将保证游戏环境的安全，在幼儿需要时能给予及时的支持与保证。[②] 可见，对于游戏技能方面的指导，幼儿是需要并且是乐意接受的。

国外研究人员在开展相关研究过程中强调，应适当对幼儿的交往和装扮技能进行有效引导。[③] 研究分为五个不同组别：第一组，组织到医院

① 姚伟，索长清.儿童启蒙教育意义的现代探寻[J].东北师大学报（哲学社会科学版），2013（5）：177-180.

② 刘霞.幼儿园主题教育课程中主题网的功能与基本类型[J].学前教育研究,2011（3）：35-37.

③ 孙贺群，王小英.嬗变与走向：美国学前课程的历史转型及启示[J].外国教育研究，2011，38（1）：51-56.

等地进行参观；第二组，在没有参观的情况下，随即开展情景游戏；第三组，组织幼儿参观后再开展情景游戏；第四组和第五组没有任何的指导与参观，只是两个组别幼儿在选择过程中的情商存在一定差异，而且第五组与第四组比较，生活优越性相对更为显著。研究结果证明，教师适当引导是有助于提升幼儿游戏能力的。

1.3.3.4 对教师的支持与指导的评价研究

对教师在幼儿游戏中开展相关行为评估活动，整个过程中，对教师角色进行考察，发现其自身能力、介入方式等都存在较大差异。

其一，对教师的指导能力进行相应评估。研究者对于如何评价教师在各类游戏中的指导行为提出了自己的看法。对于教师在角色游戏中的指导水平，虞永平等认为应关注目的与计划设定、材料准备、时间安排、指导方式、指导效果等指标。对于教师在结构游戏中的指导水平，虞永平等认为应考察对结构材料及其操作技能的了解、对游戏阶段的把握、指导方式与方法、对幼儿结构水平的了解、指导效果等指标。[①] 对于教师在教学游戏中的指导水平，王坚红认为应考察其对游戏目的和意义的理解、在游戏中的组织能力和感染力、与幼儿的互动情况和水平、对游戏的创造性发挥等指标。在了解教师实际能力状态下，王坚红表示必须对游戏价值、游戏目标进行相应考察，而后制定时间和场地的安排、开放性材料的准备、对幼儿的观察和了解、指导方式及效果等指标。[②]

其二，教师在幼儿园游戏中的组织能力评价。王坚红认为，可从游戏中的幼儿表现情况与教师指导水平两个方面来考察教师对幼儿园游戏活动的组织能力。具体而言，应考察教师能否保证幼儿园游戏活动充足的时间与合理的场地、能否提供合理材料、能否从幼儿年龄特点出发以促进游戏主题的发展与情节丰富、能否对游戏进行及时有效的指导等指标，以及与之直接相关的幼儿能否积极愉快地参加游戏活动、是否能投入游戏坚持完成自己的任务等指标。

其三，教师在幼儿园游戏中的介入方式评价。鄢超云指出，评价教师在幼儿园游戏中的介入情况，主要是看其是否介入以及介入是否恰当，同时也罗列了"赞同""身教""促进""支持""搭构鹰架""共同建构""示范""指导"等适宜的介入方式。综合有关研究发现，评价教师介入方式

---

① 虞永平，张辉娟，钱雨，等.幼儿园课程评价[M].南京：江苏教育出版社，2009：149-168.

② 王坚红.学前教育评价[M].北京：人民教育出版社，2010：271-284.

是否适宜时，研究者们强调的是如何满足幼儿的游戏需要，如何尊重幼儿游戏的自主性，如何促进幼儿进行自我探索、感知、创造与想象等品质的发展。

1.3.4　幼儿在象征性游戏中学习与发展评价的相关研究

维果茨基从理论上阐述了"游戏从学步儿的操作性游戏，到年长儿的社交游戏，最终到规则游戏的发展过程"。他认为，游戏通过三种方式对幼儿的发展发挥重要作用。① 第一，游戏创造了幼儿的最近发展区（zone of proximal development）。维果茨基提出的最近发展区从本质上指幼儿能够独立做的事情与在别人帮助下刚好能做的事情之间的"距离"。在游戏情境中，可以比其他情形中更早表现出对行为的控制，如专注一项任务，幼儿学习做他们先前在非游戏情境中不能够做的事情，游戏带领幼儿跨越从不能达到的区域，随后幼儿能够在获得新能力之外的情境中表现这些获得的能力。第二，游戏有助于幼儿将思想与行动、物体分离。例如，在游戏中，幼儿将一块积木假想为一条小船，物体与意义的这种分离对于抽象思维的发展至关重要，幼儿理解了一个物体的意义不是该物体所固有的，物体的意义由人为赋予，物体对于不同的人具有不同的含义，这些含义具有很强的主观性和约定俗成的本质。第三，游戏有助于自我调节的发展。游戏中有些情景会要求幼儿的行为符合游戏角色，这有利于自我调节功能的发展。例如，当一个幼儿扮演一只小狗时，会按照指令停止叫唤，或者一动不动地坐着。然而这种能力不是在每一种游戏中都会体现，因为有些游戏以自发性为显著特点。的确，游戏通常会让幼儿想到自己认定的规则而不考虑其他规范，但游戏中的幼儿要想使自己的行为符合他们所接受的角色，就必须进行自我调节。

1.3.4.1 游戏与幼儿社会性发展

克雷格和克米斯（Craig & Kermis，1995）指出，幼儿戏剧类游戏和模仿类游戏主要通过角色扮演来组织，如"过家家""消防员灭火""医生看病""卡车司机上班"，这里不仅仅是对整个行为模式的模仿，还会涉及大量的幻想和新奇的交往方式，通过这类游戏，幼儿可以逐渐理解各种社会关系、规则，以及社会文化等。对幼儿社会性的发展要求幼儿了解对方真实想法，能够有效区分游戏与现实；理解游戏规则，并能够

---

① 席海燕. 游戏：想象与规则发展的场域——维果茨基的游戏观透视 [J]. 学前教育研究，2015（4）：9-14.

自主遵守相关规则；协调与他人的思想关系。游戏阶段内，很多原因都可能导致幼儿之间存在冲突及矛盾问题，幼儿需要凭借自身能力，与他人保持良好的人际交往关系。

从广义角度理解，社会性与生物性是相对面，其自身包含多方面因素内容。个体社会化的最终展示结果即是广义的社会性。[①] 个体社会化过程发生在人的发展的各个方面，通过这种过程，个体成为负责任的、有独立行为能力的人。因此，作为社会化过程的结果的人的"社会性"，除了人的一般的"类特性"，还带有特定的社会文化影响的烙印。[②] 因此，广义的"社会性能力（social competence）"是指对特定社会环境的适应力，其中包含情感、态度等多元化因素。

在我们看来，如果社会性属于人为发展的一方面内容，则身体、情感等多方面情绪共同作用，对应的社会性一定是狭义角度理解的社会性内容，它可用家庭人际关系、同伴关系、角色扮演对相关行为进行有效评价。因此，狭义的社会性发展可以概括为以人际交往系统为定向的个体心理特征与能力的发展。狭义的社会性能力主要是指能够让他人满意的相关水平。

从最近研究结果中我们能够看到，学前期对社会性能力培养所发挥的影响作用较为关键。整个过程中，同伴的相互交往都希望能够用和平方式解决问题，而不是不断激化矛盾。这些社会性能力对于幼儿以后的发展与适应有重要影响。如果在生命的最初 5～6 年内没有形成最低限度的社会性能力的话，就有可能成为"问题幼儿"。[③] 这些"问题幼儿"的退学率、犯罪率较高，成年以后可能会有心理健康或婚姻适应方面的问题等。社会性能力的形成是一个复杂的过程，一般不是简单的来自直接教学，而是在幼儿的实际交往活动中形成与发展起来的。社会性交往活动是人的生存和发展条件。在与周围人们的交往和互动中，幼儿的社会性交往能力逐渐获得发展。

1.3.4.2 游戏与幼儿亲社会性行为发展

亲社会性行为的发展有助于了解相关社会规范，对于幼儿社会性发

① 陈会昌. 儿童社会性发展的特点、影响因素及其测量——《中国 3—9 岁儿童的社会性发展》课题总报告 [J]. 心理发展与教育，1994（4）：1–17.

② 曹中平. 幼儿社会性发展与教育 [M]. 长沙：湖南师范大学出版社，2001：59–66.

③ Fiorati R C, Arcêncio R A, Segura del Pozo J, et al. Intersectorality and social participation as coping policies for health inequities-worldwide[J]. Gaceta Sanitaria, 2018, 32（3）：304–314.

展而言，其所发挥的影响作用相对更为关键。对于幼儿学习而言，象征性游戏是约束社会行为的有效方式。整个过程中幼儿往往会形成两种不同类型的同伴关系，在进行材料总结的过程中，很多玩伴关系的打造都是以角色扮演为基础形成的。

亲社会性行为（prosocial behavior）也有狭义与广义两种理解方向。其中，从狭义角度对亲社会性行为进行理解，相应行为往往能够使他人获益，部分情况下，还会以牺牲自身为基础，达到相关目标要求。通常情况下，我们会将该方面亲社会性行为纳入道德规范管理范畴。从广义角度对亲社会性行为进行理解，该部分行为可以对他人行为给予相应肯定，或者能够对他人行为进行一定赞许。① 一般情况下，此种亲社会性行为是互助互利的，同时也会全面促进社会道德水平权提升。社会性交往动机在学前幼儿身上占支配地位。如果幼儿的生活经验相对较为匮乏，那么相关思维模式建设则需要对应的亲社会性行为进行有效评估。

20 世纪 60 年代以来，亲社会性行为成为教育与心理研究中的一个热点问题。大部分关于幼儿亲社会性行为的研究，都以幼儿的游戏作为背景，包括实验室条件的研究与自然情景中的观察研究。从大量研究结果中我们能够看到，游戏材料不仅可以在游戏过程中发挥交往媒介作用，同时也会对亲社会性行为的产生形成强大促动。幼儿成长前期，大部分同伴冲突都是游戏引起的，这种由游戏材料而导致的冲突问题的产生，也会为亲社会性行为形成打下坚实基础。②

从相关研究结果中我们能够看到，幼儿所存在的亲社会性行为很可能与家庭教育之间存在紧密关系。成人如果可以在游戏中出现矛盾时对幼儿进行有效引导，就会对亲社会性行为发展起到十分有效的影响作用。例如，两个幼儿都想玩同一个球，教师建议他们轮流。这种轮流的方式与技能，以后也可以被概括迁移到幼儿生活中类似的冲突情境中去，有利于分享的态度与习惯的形成。研究指出，有利于幼儿亲社会性行为的发展条件如下：①幼儿经常与照顾他们生活的成人交往；②幼儿能分辨自己和他人的情感；③有成人提供的正面榜样；④在现实生活中有机会表现亲社会性行为；⑤幼儿受到鼓励选择适当的行为。③

① 阮素莲. 幼儿亲社会行为现状及其影响因素 [J]. 学前教育研究, 2014（11）: 47-54.

② 魏星, 吕娜, 纪林芹, 等. 童年晚期亲社会行为与儿童的心理社会适应 [J]. 心理发展与教育, 2015, 31（4）: 402-410.

③ 王福兰, 任玮. 幼儿在园亲社会行为的观察研究 [J]. 学前教育研究, 2006（Z1）: 57-59.

萨顿－史密斯等的研究表明，幼儿"发起游戏"的能力与游戏中的想象能力之间存在着显著的正相关。有较高水平和持久想象力的幼儿在游戏与自发的唱歌、跳舞中不仅比想象力低的幼儿表现出更高水平的想象，也表现出更高水平的社会性参与。富有想象力的幼儿"发起游戏"能力明显高于想象力低的幼儿。喜欢玩象征性游戏的幼儿是喜欢交际的、具有"领导"能力的幼儿，而不是孤独、退缩、防御性强的孩子。[1]

1.3.4.3 象征性游戏与幼儿对规则的学习

象征性游戏也是幼儿理解规则的意义、掌握社会行为规范的重要途径。任何社会规则对人不仅有限制，同时也会对人自身权益形成强大保障。通常情况下，无法通过相关教学活动开展使幼儿全面了解对应教学规则。幼儿需要结合实际生活经验，理解相关内涵，并自主尊重对应条例。避免冲动行为产生也十分关键。因此，规则的学习与掌握，本质上是实践的游戏且与同伴的社会交往存在较为显著关系。皮亚杰强调，在相关社会制度作用下，没有游戏是不需要遵守规律的。[2]

维果茨基指出游戏具有两方面特征：规则与想象。游戏是受情境因素所限制的，对于幼儿而言，相关因素也可以为学习活动开展打下坚实基础。[3] 维果茨基还表示，游戏发展的规律就是由明显的想象情境与隐蔽的规则所构成的游戏发展到由明显的规则和隐蔽的想象情境所构成的游戏。[4] "哪里有想象的情境，哪里就有规则。"虽然游戏外部输入规则非常少见，但内部规则还是比较明显的。社会性游戏是一种交往活动情景。这种情景要求幼儿在进入游戏情景之前，制定游戏规则，规定角色与情节。

想象的情景自身也需要遵守规则。任何情况下，幼儿脱离想象都无法开展行动。幼儿不可能在一个没有规则的想象情境中行动。当一个幼儿想象自己是父亲时，他就得按照父亲的行为规则去行动；扮演宇航员的幼儿必须遵循火箭着陆和太空行走的规则；玩宠物医院的兽医游戏必须表现出与受伤的动物之间的关系。在象征性游戏中，幼儿逐渐理解相关期望，同时也可以努力按照相关目标去开展行动。例如，当幼儿扮演"妈妈"时，会对现实生活中母亲的责任产生初步的认识。尽管这种认识

① 张兰萍，周晖. 幼儿基于信息判断的选择性信任——与亲社会行为及决策判断的关系 [J]. 心理发展与教育，2011，27（1）：71-75.

② 郑玉玲. 皮亚杰游戏理论对幼儿教育的借鉴意义 [J]. 漳州师院学报，1995（3）：60-64.

③ 吕晓，龙薇. 维果茨基游戏理论述评 [J]. 学前教育研究，2006（6）：53-55.

④ 田素娥，匡明霞. 幼儿亲社会行为的培养策略 [J]. 学前教育研究，2012（10）：66-68.

可能还是比较表面的、肤浅的。又如，在玩"乘公共汽车"的游戏中，乘客很多，车里很拥挤，扮演售票员的小朋友自己就不能坐，还要提醒乘客："不要挤，请给老年人和抱小孩的乘客让座。"在玩"娃娃家"游戏时，爸爸从外面回来，孩子会主动说："爸爸辛苦了，您去休息休息吧，我们来做饭。"在这些游戏中，幼儿模仿着关心他人、尊敬长者的生活人物。这种模仿和练习可以缩短幼儿掌握道德行为规范的过程，有利于在现实生活中意识和掌握道德行为规范。

在游戏中遵守规则对于幼儿来说是愉快的，遵守规则是游戏的需要，通过游戏，幼儿可以结合对应的扮演角色来对自身行为进行有效限制，也能够理解他人的角色和行为规则。象征性游戏中多种角色的协调和合作，为幼儿进行简单的有规则的集体游戏做好了准备。

1.3.4.4 象征性游戏对幼儿冲动的控制力

幼儿园阶段是幼儿意志行动的主要发展阶段。通过参与游戏，幼儿能够对自我控制能力进行有效培养。维果茨基表示，很多情况下，幼儿在游戏中的自制能力往往是最强的。[1] 很多情况下，游戏过程中幼儿会自觉遵守规则，避免矛盾问题产生。而且相关行为控制理念都属于内部动机驱动管理范畴，而不是通过奖励机制发挥作用。它有助于形成以规则为基础的行为，促进心理的随意机能发展。马努依连柯的"哨兵站岗"实验，为维果茨基的观点提供了实证依据。[2]

苏联心理学家马努依连柯曾做了一个"哨兵站岗"的实验，要求幼儿在空手的情况下保持哨兵持枪的姿势。实验在幼儿园的活动室内进行。一种情景是非游戏情景：其他幼儿在一边玩，要求被试在一边站着。另一种情景是游戏情景：其他幼儿是糖果厂的"工人"在包糖果，被试是"哨兵"，在为糖果厂站岗放哨。结果发现，在扮演角色的游戏情景下，幼儿坚持站立不动的时间远远超过非游戏情景下站立不动的时间，如表1.6所示。

表1.6　幼儿在不同情景下站立的时间

年　龄	非游戏情景	游戏情景
4～5岁	41秒	4分17秒
5～6岁	2分55秒	9分15秒

---

① 阮素莲. 幼儿亲社会行为现状及其影响因素 [J]. 学前教育研究，2014（11）：47–54.
② 王玲凤. 幼儿情绪调节与"冷""热"抑制控制的发展特点 [J]. 学前教育研究，2013（3）：56–62.

辛格的研究（1961）也表明，经常玩想象游戏的幼儿更能够忍受长时间的等待。想象是幼儿学习抵制诱惑、延迟满足的一种有效的方法。[①] 喜欢玩想象游戏的幼儿能够通过这种方法使自己自娱自乐来打发无聊的等待时间，用想象（例如，把糖果想象成为天上的云彩）来控制自己的冲动，从而帮助自己抵制诱惑而不去拿面前的糖果。那些较少玩想象游戏的幼儿往往不能控制自己的冲动而不能安静地等待，抵制诱惑的能力也较差。

1.3.4.5 象征性游戏中幼儿的"去中心化"研究

皮亚杰提出，幼儿的思维模式主要是以自我为核心，往往不会过多考虑他人的想法。[②] 举例说明，很多幼儿都知道自己有几个好朋友，但是却不知道自己的好朋友有多少好朋友。很多情况下，他们不能站在他人的角度思考问题。象征性游戏可以促进幼儿的"去中心化"的过程，不仅能够提高人际交往能力，同时可以为综合素质水平提升打下坚实基础。

皮亚杰认为，以平等互惠为基础的同伴交往与冲突是幼儿克服自我中心思维的重要途径。[③] 在与同伴交往过程中发生的认知冲突，较之于幼儿与成人之间的观念冲突，对于幼儿认知发展更有价值。因为幼儿可能会不加任何思考与批判地接受成人的观点，不怀疑成人的权威。在同伴交往过程中则不会发生这种盲从现象，幼儿会反思自己的观点并理解他人的观点。

象征性游戏可以帮助幼儿解决过于"中心化"的问题。象征性游戏开展过程中，为了满足实际需求，幼儿要通过其他身份存在于游戏中，这也是换位思考能力的一种培养。逆向思维即是从其他角度考虑问题，进而了解自身不足之处，同时确保在生活中能够更好地理解他人、包容他人。例如，如果幼儿在游戏中扮演的是孩子妈妈的角色，一方面会明白自己并不是真的妈妈，另一方面也能学会多从妈妈的角度考虑问题，同时对行动进行有效控制。在象征性游戏开展过程中，幼儿一旦发现自己与别人不一样，则会通过协调、沟通等方式了解其他人的真实想法。例如，幼儿玩"开车"的游戏，当出现车坏了的情形时，一个幼儿提议："让我们把车送到店里去修吧。"另一个幼儿反对："不，我爸爸车坏了都

---

① 周少贤，陈尚宝，董莉，等．3—6 岁幼儿独立性和自我控制的发展特点及家庭影响因素 [J]．学前教育研究，2004（11）：42-45．

② 易进．儿童社会支持系统——一个重要的研究课题 [J]．心理发展与教育，1999（2）：59-62．

③ Harwood M D，Farrar M J. Conflicting emotions：the connection between affective perspective taking and theory of mind[J]. British Journal of Developmental Psychology，2011，24（2）：401-418．

是自己修的。"两种不同的修车方法，对于两个幼儿而言，都能够收获不一样的情绪。整个过程中不仅丰富了幼儿的经历，也会解决自我内心存在的相关问题。

从研究过程中我们能够理解到，通过游戏方式，幼儿的情感转移能力也会受到相应培养。

国外一些研究也有类似的结论。罗森（Rosen，1974）对两组处境不利的幼儿进行了为期 40 天的象征性游戏的训练，发现经过训练的幼儿的观点采择能力更强。[1] 但是这种游戏训练研究存在的问题是不同的研究所取得的结果不同。有的研究证明，通过开展象征性游戏锻炼活动，幼儿的认知能力将得到全面提升，但是不会影响他人情感理解水平。[2] 其他一些研究则宣称发现了后一种效果的存在（Burns & Brainerd，1979）。[3]造成这种研究结果不一致的原因可能如下：①不同的研究所采用的测量工具不同。②所使用的被试年龄不同，有的是 5 岁以前的幼儿，有的是 5 岁以后已入学前班的幼儿。年龄也是影响训练效果的一个因素。被试年龄越大，训练效果越显著。③训练时所采用的游戏类型不同。有的实验对游戏类型划分得较细致，考察了社会性的和非社会性的象征性游戏的不同效果，而有的实验没有区分游戏类型的差异。但是，所有研究结果都说明社会性象征性游戏的训练效果要好于个人的象征性游戏。[4]

另外，对于到底是什么因素影响研究结果还有不同的看法。一种看法认为游戏本身的因素，包括物的象征、角色扮演和同伴相互作用（认知冲突）等是解释实验结果的根据。但也有人认为，在游戏训练过程中成人的指导直接或间接地教会了幼儿这种技能。[5]

即使是在游戏本身的因素中，不同的实验者对不同因素的强调程度

① 林彬，程利国，李其维，等 . 儿童社会观点采择能力发展的干预研究 [J]. 心理科学，2003，26（6）：1030–1033.

② Vaish A，Carpenter M，Tomasello M. Sympathy through affective perspective taking and its relation to prosocial behavior in toddlers[J]. Developmental Psychology，2009，45（2）：534–543.

③ Oswald P A. The effects of cognitive and affective perspective taking on empathic concern and altruistic helping[J]. Journal of Social Psychology，1996，136（5）：613.

④ 张莉，王晓龄 . 影响学前儿童空间观点采择能力的因素研究 [J]. 教育研究与实验，2008（6）：68–72.

⑤ Fagley N S，Coleman J G，Simon A F. Effects of framing，perspective taking，and perspective（affective focus）on choice[J]. Personality and Individual Differences，2009，48（3）：264-269.

也是不同的。例如，鲁宾（Rubin，1980）强调社会性象征性游戏中的"同伴冲突"的意义："规则理解、对责任与限制的理解，以及考虑交互的角色关系的能力可能至少是想象的社会性游戏的一种功能，其本身就是同伴交往与冲突的结果……当幼儿希望区分出那些对于他们来说重要的问题时，就发生了认知上的不平衡。既然这种心理状态是不令人愉快的，处理冲突就成为必要。我们有足够理由说，妥协即顺应与适应。"[1] 尽管游戏训练研究中还存在着这样或那样的问题与争论，但人们对于象征性游戏，尤其是社会性象征性游戏有益于幼儿去中心化这一点是有共识的。

1.3.4.6 象征性游戏对幼儿情绪情感的影响研究

作为心理活动的重要组成单位，情绪情感往往可以对其他人的学习过程造成相应干扰，进而控制人际交往方向。在情感元素作用下，我们可以对世界形成全面认知，保持良好心理健康状况，更多地享受人生的乐趣。

情绪情感在心理生活中的重要性使我们必须重视幼儿情绪情感的发展问题。从相关研究结果中我们能够了解到，先天性遗传因素往往会对幼儿情绪情感产生十分关键的影响作用，在其他人际交往因素作用下，生活内容也会日趋丰富起来。[2] 在对幼儿情感进行有效控制的基础上，情感元素不断累积。整个学前阶段，幼儿情感培养往往十分重要。早期经验累积过程中，幼儿会在象征性游戏参与过程中有所收获，不但影响着游戏开展，还对成年以后心理生活的健康有着重要的影响。在某种程度上，我们可以说没有情绪情感，就没有幼儿的游戏，象征性游戏可以很好地对幼儿情感进行有效修复。

辛格（Singer，1976）认为想象游戏是探究的一种形式。在相关想象力作用下，幼儿会持续进行相关要素的探究，从而在想象的世界中解决自身不开心的事情。[3] 通过想象，幼儿创造了一个新的刺激场来帮助自己处理不愉快的经验。近年来的研究为游戏可以帮助幼儿处理消极情绪的说法提供了实证研究的依据。

吉尔摩（Giamore，1966）通过三个系统研究来考察住院治疗幼儿的

---

① Leïla B, Stéphanie C, Marion A. Links among cognitive empathy, theory of mind, and affective perspective taking by young children[J].The Journal of Genetic Psychology, 2016, 177（1）: 17–31.

② 刘国雄, 方富熹, 赵佳. 幼儿对不同情境中的情绪认知及其归因 [J]. 心理学报, 2006, 26（2）: 216–222.

③ Rosenberg I. Their own game: cricket as a symbolic postcolonial battlefield in film[J]. Zeitschrift für Anglistik und Amerikanistik, 2014, 57（1）: 293–296.

游戏与焦虑之间的关系。[①] 研究发现，住院治疗的幼儿比没有住院的幼儿更喜欢玩与医院有关的医疗游戏材料。玩医疗游戏材料可以使住院治疗的幼儿降低因住院引起的恐惧与焦虑，使他们更好地适应医院环境。

班尼特（Barnett，1981；1984）在实验室和自然条件下研究游戏降低焦虑的作用。她发现游戏确实可以帮助幼儿降低焦虑，具有明显的适应功能。幼儿第一天入幼儿园会产生因与亲人分离和陌生情境导致的"分离焦虑"。她先测定了入园第一天每个幼儿的"分离焦虑"水平，根据测定，把幼儿分成高焦虑的与低焦虑的被试。然后让这些幼儿分别进行不同性质的活动：①社会性情景的象征性游戏；②独自游戏；③结成小组听讲故事（非社会性游戏情景）；④自己一个人听故事（游戏，独自活动）。活动结束之后，再次测定这些幼儿的焦虑水平。结果发现，高焦虑幼儿在自由游戏之后焦虑水平的下降明显多于故事组的高焦虑被试，而且独自游戏的效果要比有其他幼儿在场的社会性情景更明显。高焦虑的幼儿比低焦虑的幼儿在游戏中表现出更多的假装或想象行为。[②] 班尼特的研究证明，相关游戏活动开展能够帮助幼儿排解紧张的情绪，因此称其具备一定修复功能。

一些研究者（Singer & Singer，1976；Rosenhan，Underwood & Moore，1974；Biblow，1973）认为象征性游戏可以改变消极的情绪体验，具有帮助幼儿发泄与释放消极情绪的作用。伴随着肯定情绪的象征性游戏有助于降低幼儿的攻击性行为。[③] 当一组幼儿的工作受到一个年长幼儿的打扰后，他们都很愤怒，然后分别让这些幼儿看攻击性的、快乐的、中性的视频，长度各为3分钟。想象水平高的幼儿在看了攻击性的电视以后紧接着进行自由游戏，攻击性水平随之降低（Biblow，1973）。[④]

象征性游戏的这种情绪恢复独特功能早就受到众多心理学家的重视。以弗洛伊德为代表的精神分析学把游戏看作是个体内心世界（包括情绪情感）的表达，对于幼儿以及成年以后的心理健康具有积极的作用，它

① Whitty M T, Young G, Goodings L. What I won't do in pixels: examining the limits of taboo violation in MMORPGs[J]. Computers in Human Behavior, 2011, 27（1）:268–275.

② Madhusudan P, Nam W, Alur R. Symbolic computational techniques for solving games[J]. Electronic Notes in Theoretical Computer Science, 2003, 89（4）: 578–592.

③ Huntemann N. No more excuses: using Twitter to challenge the symbolic annihilation of women in games[J]. Feminist Media Studies, 2015, 15（1）: 164–167.

④ FU J, Tanner H G, Heinz J N, *et al*. Symbolic planning and control using game theory and grammatical inference[J]. Engineering Applications of Artificial Intelligence, 2015, 37: 378–391.

可以保护幼儿免受"成人世界"的伤害。从情绪发展角度分析，象征性游戏是沟通幼儿内心与外界交流的有效渠道，整个过程中，相关要素选择往往显得尤为关键。① 皮亚杰把游戏看作是幼儿进行自我表达的工具，整个过程中，通过不断的流程再造，确保情感相关需求得到全面满足，进而有效化解相关矛盾与冲突问题。② 维果茨基也认为游戏可以帮助幼儿实现在现实生活中不能实现的愿望，这种愿望是概括化的情感倾向性，根源于幼儿与成人之间关系的变化与发展。③

1.3.4.7 游戏与幼儿心理治疗

游戏还被广泛运用于幼儿精神分析领域，游戏对幼儿心理创伤可以进行很好的治疗。温尼科特的幼儿心理发展理论即是针对幼儿所具备的游戏能力进行全面探究。在游戏过程中，幼儿利用过渡空间，在外部与内部世界之间建造了良好沟通桥梁。从温尼科特角度分析，生活的创造与游戏的质量是同质的，构成了纵贯生命始终的自我体验的模板。在精神分析过程中，游戏治疗往往会达到最佳发展效果。在开展相关游戏过程中，自体才能被发现和加强。这与精神分析学派中其他几位代表人物不同。安娜·弗洛伊德表示，游戏自身是不具备治疗效用的，它会针对幼儿心理特征进行全面分析。从克莱因角度分析，幼儿在游戏过程中表现出来的游戏内容是其潜意识的表现，因此在治疗过程中用幼儿的游戏内容作为分析其潜意识的素材，取代分析成人的梦和自由联想。而温尼科特表示，分析师也不会将注意力集中在游戏内容方面，同时游戏自身也是重点关注对象。④ 在《游戏与现实》（1971）中，他表明了自己游戏思想的发展过程。游戏理论的开始是"作为他的咨询技术的一个特征"：最初是压舌板游戏，其功能是作为一种诊断工具。后来他为稍大年龄的幼儿发展出另一种诊断工具——画线游戏：一开始只是在纸上勾勒了简单的线条，然后要求幼儿继续填充，幼儿可以凭借自己的想象，将其画

① Rhizopoulou S. Symbolic plant（s）of the Olympic Games[J]. Journal of Experimental Botany, 2004, 55（403）: 1601–1606.

② Thanatipanonda T A, Zeilberger D. A symbolic finite–state approach for automated proving of theorems in combinatorial game theory[J]. Journal of Difference Equations and Applications, 2009, 15（2）: 111–118.

③ Hansen S S. Brands inspiring creativity and transpiring meaning[J]. Journal of Interactive Advertising, 2009, 9（2）: 4–17.

④ 苏晓波. 精神分析的过去、现在与未来 [J]. The Chinese–German Journal of Clinical Oncology, 2000（4）: 7–8, 29.

为兔子、大树等。据了解，该部分操作所产生的图像可达 30 幅之多。幼儿凭借线条的内容，想象与自身人格相关的任何事物。

关于压舌板游戏，温尼科特在很多文章中描述道："我想谈一谈一个孩子的表现，当时他正坐在他母亲的腿上，我则和他们隔着一个桌角。一个一岁的孩子是这样表现的：他看到了压舌板，立即把手伸过去，但是在拿到它之前，他大概有一次或两次兴趣偏移，同时看着我的脸和他母亲的脸，以观察我们的态度。早晚他会拿到它，开始用嘴啃。现在他享受着对它的占有，同时他踢着脚，表现出热切的身体动作。他还没准备被夺走压舌板，很快他把压舌板扔到地上。一开始，这看起来像个偶然的事件，但是当压舌板回到他手里时，他又犯了同样的错。最后，他把它往地上扔，明显预料到它会掉下去，他看着它，而且压舌板掉地的声音变成了他快乐的新源泉。如果我给他机会的话，他会愿意重复扔落地。现在他也想下到地上去了，他对压舌板所做的或拿或丢的行为，正是他内心世界的片段的幻灯片，这片段当时与我和他母亲联系在一起。从这里我们大致可以猜想他在其他时间与其他人和物发生关系时的内部世界的体验。"[①]

温尼科特从压舌板游戏的整个过程观察到三个阶段，幼儿从最初的"怯生生尝试"到有了一定程度的信心，咀嚼着，玩耍着，再到最后结束与压舌板的游戏。要完成这个游戏，幼儿的整个体验过程受到母亲的允许，这对于幼儿是异常重要的。"母亲自然地允许一个包含不同体验的整个过程自然的发展"，直到幼儿长得足够大了，能够理解她的观点的时候，才予以干预。

温尼科特认为，游戏的特性是婴儿的发展与存在感的指示灯，享受游戏的快乐是成长中幼儿健康的标志。"在游戏中运用丰富的想象"意味着幼儿利用过渡空间，这是健康的标志。如果幼儿在游戏中能够自由进行情绪的表达，而且不用过多地关注报复性内容，则游戏本身治疗作用的发挥往往显得尤为关键；控制焦虑是游戏的又一功能。同时，温尼科特将游戏看作是通往意识的入口。在他看来，游戏就是一个梦境，通过自身行为可以表达整个思想过程。治疗阶段内，自主参与游戏是一个比较重要的环节，自身体验到惊奇与乐趣，而不是依靠治疗师来了解相关

① 郗浩丽.儿童心理发展中的"过渡客体"[J].教育学术月刊，2008（5）：6-8.

过程。对他而言，精神分析是一个"高度专业化的游戏形式"。[①] 温尼科特暗示，分析师的解释可能是危险的，因为它可能会使病人发展出虚假自体，这是假分析的结果。自发性动作源自真实自体，有自发性的个体就能够创造性地生活。

1.3.5　文献述评

从以上文献综述来看，国内外都从幼儿游戏环境、教师的支持与指导、幼儿行为和幼儿学习与发展等方面开展对应的研究活动，研究过程中也提出了很多重要性建议。

国外针对幼儿游戏时间的研究起步较早，大部分情况下是从多个角度开展相关评价活动。随着我国幼儿游戏评价研究的不断深入，相应的评价体系也逐步健全。具体评价过程中，还存在一部分问题尚未得到全面解决。从国内外对幼儿游戏的评价研究来看，游戏已成为幼儿的基本活动，但游戏水平不容乐观。国外研究人员往往将关注重点集中在幼儿游戏能力培养的过程，同时教师不会自主加入发展阶段。我国的游戏，很多情况下形式都比较单一，而且自身平衡能力也十分有限。

从历史发展角度分析，针对幼儿游戏的评价，研究人员都是从多个角度入手，确保研究结论得到全面保障，但对应理念的升华往往起着决定性作用。从实际发展状况来看，幼儿游戏评估的研究往往采用实证研究模式，但至今还未形成系统的理论体系。

幼儿游戏评价内容较为片面。例如，对幼儿游戏环境的评价中，物质环境评价依然占据核心地位。对我们而言，物质与精神环境是相互发挥作用的。从物质环境角度分析，室外场地评估和室内场地评估是两项十分重要的内容，研究人员在进行充分考虑的基础上，提出后者的研究过于泛泛。整个过程中，游戏材料对于幼儿游戏而言，影响作用也是无可取代的。从目前研究结果中我们能够看出，不同指标对应的材料也存在较大差异，对其并没有进行全面细化分析。不仅如此，对于教师和幼儿而言，对象评估指标的研究还比较泛泛，不仅是对应指标很难被接受，也可能对相应评价活动的开展造成严重阻碍。

幼儿游戏评价活动开展过程中，无论是评价方法还是评价模式，都不满足可行性发展要求。在现有研究中，幼儿游戏评价方法以一般方法

---

① 王国芳.精神分析客体关系理论的进展路径 [J].南京师大学报（社会科学版），2012（1）：114–119.

为主，在简单套用相应研究方式的基础上，往往与预期目标相差较大。从中我们不难看出，结合相关评估方法，开展特定研究活动的过程中，有针对性的分析往往起着十分关键的作用。套用其他科学评估方式，很容易使相关操作流程无法满足科学化发展要求。举例说明，研究人员强调可以在条件允许的情况下尝试实验法，但由于介绍内容并不详细，我们至今仍对其操作存在较大困扰。综上所述，笔者在对相关观察方式进行全面研究的基础上，列举游戏对应的可操作性方式。整个过程中，虽然相应方法无法具备强大的科学保障，但保持客观、公正的心态往往十分重要。否则，一旦出现不科学、不客观等问题，势必会对幼儿游戏评价造成极大不良影响。从中我们不难看出，可以根据幼儿的实际需求开展对应评价活动。通过采取有效措施，相关发展目标最终能够实现。

结合相关发展趋势，笔者对幼儿游戏评价内容进行相应总结。首先，相关评价正处于边缘化发展地位。2011 年，《国务院关于当前发展学前教育的若干意见》正式颁布，其表示要在满足幼儿内心需求的基础上，对个体差异投以较高关注度，同时坚持以游戏活动为核心，强调要在教学活动开展过程中让幼儿收获快乐的同时确保幼儿成长需求得到满足。《指南》中表示，要在不断累积相关发展经验的基础上，有针对性地开展幼儿学习及游戏活动，整体过程中也要将评估内容的重要性全面体现出来。从相关政策法规中我们能够了解到，对幼儿园的游戏活动进行限定可以为游戏评价工作开展打下坚实基础。

另外，游戏评价的主体主要是教师。整个过程中，幼儿始终占据主导地位，幼儿是需要不断成长的。而游戏评价工作的开展，则要采取有效措施对幼儿的参与积极性进行调动，使其能够在整个过程中获得最大的满足。举例说明，对游戏内容、游戏方式等进行评价，在这个过程中，评价幼儿在师幼互动和同伴互动中的行为，评价幼儿的学习与发展等。这样不仅能够确保相关发展满足预期要求，同时在培养幼儿兴趣爱好方面所起到的影响作用也较为关键。

1.4　研究设计

研究设计包括研究目的、意义、内容、方法、技术路线和研究的创新。具体内容如下。

1.4.1 研究目的

研究基于以下几个目的的考量。

第一，构建幼儿象征性游戏评价指标体系，建立幼儿象征性游戏评价线性模型。在新课程的理念下，幼儿象征性游戏评价正朝着多元化、多样化、发展性的方向发展，对其评价的认识也越来越深刻和全面。研究通过 CIPP 教育评价模式理论和程序，构建幼儿象征性游戏评价指标体系，对示范园幼儿象征性游戏开展评价工作。依据评价结果建立幼儿象征性游戏线性评价模型，继而从评价的主体、内容、指标、路径方法、结果的运用等方面探讨幼儿象征性游戏评价策略。

第二，以评价结果为依据提出多元主体评价的幼儿象征性游戏评价策略。对示范园象征性游戏开展评价工作，从评价的主体、评价指标的选取和确定、评价的路径等几个方面提炼出幼儿象征性游戏评价策略。

第三，以评价结果为依据提出促进幼儿学习与发展的教育启示。将 CIPP 评价模式应用于幼儿象征性游戏评价，运用评价模型的循环系统，不断收集和利用新信息，并将这些信息作用于未来的决策。评价的目的不在于评价本身，而在于改进。研究以评价结果为依据，提出幼儿象征性游戏材料选择和投放策略，以及教师对幼儿象征性游戏的支持与指导策略。

1.4.2 研究意义

本书试图借助 CIPP 评价模型展开对幼儿象征性游戏评价的研究，构建相应的指标体系，希望对幼儿象征性游戏评价的科学性、可行性、执行性和有效性问题有一个独特的解答，能指导实践和运用，这也使本研究具有重要的理论意义和实践意义。

（1）理论意义层面。首先，虽然利用 CIPP 模型开展教育评价和幼儿游戏评价的研究已经有很多，但是利用 CIPP 评价模型对幼儿象征性游戏开展评价还鲜有标志性成果。本研究立足幼儿教育需求和专业建设的内在规律，提出幼儿象征性游戏评价的"以幼儿为中心"的价值取向，这对反思、启发和重新表征现代幼儿游戏评价指标体系建设背景下幼儿象征性游戏评价指标体系具有一定的理论意义。其次，在幼儿象征性游戏评价中引入 CIPP 评价模式，构建基于 CIPP 的幼儿象征性游戏评价线性模型，对幼儿游戏评价模型的理论建构有一定的好处。再次，运用质性和量化多视角的研究方法，以实践研究为主线来确定整个研究程序和过程，对幼儿象征性游戏评价理论假设、评价模型构建并走向实践操作的有效路径具有较强的指导意义。

（2）在现实应用层面。第一，能有效引领和指导幼儿象征性游戏评价实践。基于当前幼儿游戏评价存在的种种问题，本研究基于 CIPP 评价模型的实践研究，将能够直接有效地指导幼儿象征性游戏评价的实践工作，促使幼儿园教师提高对幼儿象征性游戏的支持与指导水平，一定程度上解决幼儿游戏教育转型升级过程中社会需求和幼儿教育内在规律上的矛盾冲突，提高幼儿象征性游戏开展的针对性、有效性和持续性，实现综合发展。第二，能直接为幼儿象征性游戏评价提供操作范例。本研究构建的基于 CIPP 的"自然主义"价值导向的幼儿象征性游戏评价线性模型，是对 CIPP 教育评价模式的实践继承和解读，它将为当前幼儿游戏评价指标体系的建设和如何开展评价工作提供一个有效的参考模型，帮助幼儿游戏评价实践者实时掌握幼儿象征性游戏开展的具体状态，帮助教师实时调整对幼儿象征性游戏的支持与指导方向，提高幼儿象征性游戏的水平，促进幼儿在象征性游戏中的学习与发展。第三，能给评价主体的幼儿象征性游戏评价操作提供参考经验。基于 CIPP 模型的幼儿象征性游戏评价研究，在实践探索过程中总结、归纳经验和实施的科学路径，将为幼儿游戏相关评价模型的选择与构建提供一定的经验与启示，也能为评价模型的有效利用提供参考。

1.4.3 研究内容

从研究内容来看，本研究共 5 章，分为 4 个部分。第一部分为第 1 章绪论，主要明确本书的研究背景、核心概念和研究的思路与方法，综述国内外关于幼儿象征性游戏评价的研究文献及对文献的述评；第二部分为第 2 章，CIPP 教育评价模型概述以及构建基于 CIPP 的幼儿象征性游戏评价理论模型和指标体系，为后续研究做准备工作；第三部分为第 3 章和第 4 章，是具体研究部分，分别是基于 CIPP 的幼儿象征性游戏背景评价、输入评价、过程评价和效果评价的数据及对数据结果的分析讨论；第四部分对策与建议为第 5 章，是基于 CIPP 的幼儿象征性游戏评价策略和教育启示。

1.4.4 研究方法

幼儿园教育和幼儿评价的特殊性决定了幼儿象征性游戏评价不可能采取教育学中普遍适用的实验设计的方法、问卷分析等客观方法，也不可能仅仅采用收集客观资料的方法对收集来的资料进行统计分析等来进行评价。仅仅使用定量的方法进行幼儿象征性游戏评价研究，容易把复杂的教育现象简单化或者导致评价者较难定量和缺乏客观资料而无法下结论等问题。本研究拟采取文献法、观察法与实证研究法等多种研究手段与方法，理论与实证相结合，对幼儿象征性游戏开展评价和总结，并依照评价结果尝试提出幼儿象征性水平评价策略和教育启示。

第一，文献法。在国内外文献资料整理部分，依据 CIPP 评价模式的框架展开，查阅国内外在"幼儿象征性游戏环境评价""幼儿象征性游戏中幼儿行为评价""幼儿象征性游戏中教师支持与指导评价""幼儿象征性游戏幼儿学习与发展评价"的相关研究，并对其进行述评。

第二，观察法。研究对湖北省示范园进行半日活动观察，选取其中的 8 场象征性游戏作为评价对象，在游戏活动区角采用观察的方法，综合运用事件描述式观察、分类式描述观察、指标评价式观察、表格统计式观察等观察方法，对幼儿象征性游戏的环境、教师的支持与指导、幼儿行为和幼儿的学习与发展进行观察并记录。

第三，扎根研究方法。研究在观察法的基础上，将质性的观察资料采用扎根编码的方法进行量化，并将量化后的数据登入 SPSS 统计软件，以便进一步进行数据统计分析；对象征性游戏中师幼互动和同伴交往行为的观察不纳入数据统计处理部分，作为对评价结果的描述分析的补充资料备用。

第四，实证分析法。研究对 8 场象征性游戏样本数据采用因子分析、熵值法分析的方法，对幼儿象征性游戏评价开展实证分析活动。整个阶段内，选择有效目标对象，选择幼儿象征性游戏环境、教师支持与指导、幼儿行为和幼儿学习与发展四个主指标下的子指标进行关联性分析，并判定相应子指标是否足够科学、有效。继而分别计算出 8 场幼儿象征性游戏的环境、教师支持与指导、幼儿行为、幼儿学习与发展的综合得分。在此基础上，熵值法分析是通过对上述主指标得分的标准化，计算出指标的熵权和 8 场幼儿象征性游戏评价的总分。最后依据评价结果总结提炼出幼儿象征性游戏评价的策略，为后续开展幼儿象征性游戏评价理论研究和实践操作做铺垫。

1.4.5 技术路线

本书将 CIPP 模型引入幼儿象征性游戏评价研究，完成相应评价体系建设。从实际发展状况来看，在了解 CIPP 幼儿象征性游戏内涵基础上，完成相应评价模型建设。整个过程中，通过总结相关理论模型所具备的实际功能，为后续研究活动的开展打下坚实理论基础。相关发展阶段内，以流程、指标、实践结果为基础，确保构建的指标体系能够满足健全性发展要求。同时，将整个评价环节融汇为一体，尝试从 4 个不同角度入手，确保子目标构成体系与预期目标发展要求完全一致。研究技术路线流程如图 1.2 所示。

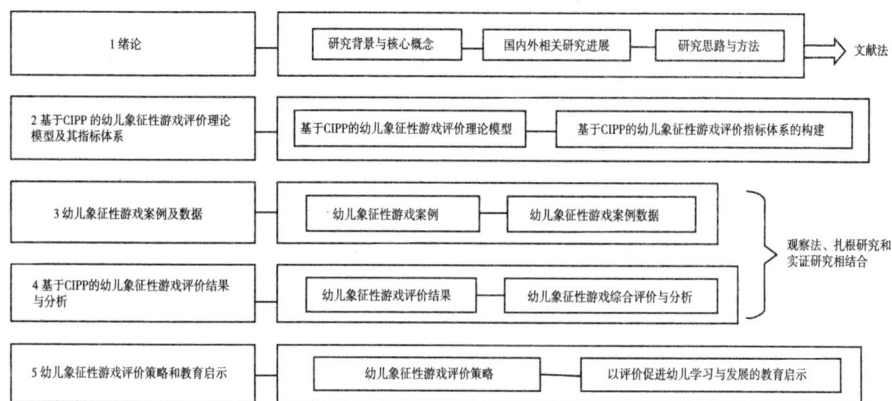

图 1.2　技术路线流程

研究对幼儿象征性游戏进行了评价，评价中采用观察法、扎根研究法、因子分析法、熵值法等研究方法，既验证了基于 CIPP 的幼儿象征性游戏评价指标体系的科学性和合理性，又对其进行了适当修正，同时证实了开展象征性游戏的必要性以及不同幼儿象征性游戏的差异。通过进行综合评价和分析，提炼出基于 CIPP 的幼儿象征性游戏评价策略，包括以幼儿为评价主体的象征性游戏评价，幼儿象征性游戏评价指标体系的构建，幼儿象征性游戏评价路径的生活化和游戏化，并依据幼儿象征性游戏的评价结果，提出促进幼儿学习与发展的教育启示。

1.4.6 研究的创新

研究的创新主要体现在研究方法和研究内容方面。

研究的主要创新之处有二：一是采用 CIPP 评价模式对幼儿象征性游戏进行评价；二是研究方法上采用质性方法和量化方法相结合的混合型研究方法。

第一，关于幼儿游戏评价的理论模式中，目前存在目标获得性评价模式、鉴定性评价模式、差距评价模式、目标游离评价模式、应答评价模式等。研究之所以采用斯塔弗尔比姆（D. Stufflebeam）的 CIPP 评价模式，是因为 CIPP 评价模式是一种循环系统，一种不断收集和利用新信息的持续过程。这些信息不仅影响未来的决策，还通过反馈重新考察已有决策的效益。正如对游戏的评价，目的不在于评价本身，而是通过 CIPP 模式的不断的反馈机制，改进象征性游戏的环境基础、输入配置、过程行动、成果，进而提高幼儿象征性游戏水平，促进幼儿全面发展。

第二，多种方法的综合使用是学前教育评价领域逐渐推崇的一种多角度、多层次、多侧面的评价方法。幼儿的自我意识能力和语言表达能力远远不及成人，这就决定了学前教育领域的评价研究的特殊性，单一的评价方法并不能满足研究的需要。因此，研究采用观察法、扎根研究方法与实证研究相结合的评价方法，使评价者在对已经获得的质性资料进行扎根分析的基础上，及时发现问题，调整或扩充资料的收集工作，再对录入的数据进行因子分析和熵值法分析，以验证和修正评价指标、确定评价指标权重和建立线性评价模型。

2

基于 CIPP 的幼儿象征性游戏评价理论模型和指标体系

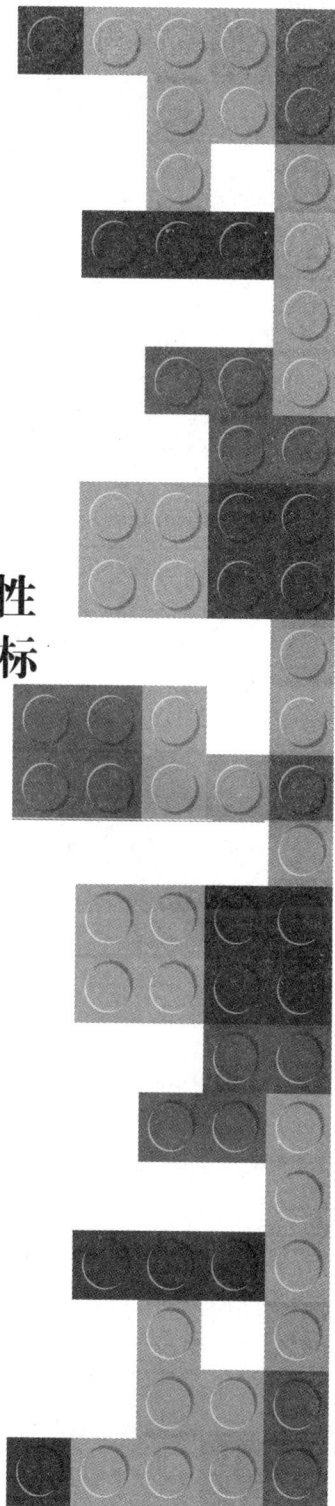

"评价是从对受评者的描述、报告、判断等信息获取他的优缺点、价值及一些关键点，可以用作对其的分析指导、数据提升，并增进对他的了解。"[①] 这个是斯塔弗尔比姆（CIPP 教育评价模型的提出者）所说的，评价可以用于对企业的管理和限制，是对群体一定程度的重要判断，甚至可以导向、判定及教育他人。[②]

模型是一种表达，它是用图表的方式来表明社会现象相互之间的作用与关系。理论模型是来阐述与推导得到表示过程与一些社会现象所产生的变量的理论结构。用科学的角度去理解，理论模型更看中的是以实验验证的方式来证明社会显现。理论或概念模型在评价指标之间都是与之相关联的，其重要性也是作为评价的核心与关键，评价的指标体系也是标准的尺度，它对被评者是实实在在的完整或局部的描述与评判。决策或改良导向模型就是管理导向模型，它是斯塔弗尔比姆于 1996 年在俄亥俄州立大学教育评价中心提出的，可以作为现代教育评价理论模型的重要依据。同时，CIPP 的逐渐成熟与批判泰勒行为目标模型有着不可分割的作用。

目前，国内外关于 CIPP 模型和幼儿园游戏评价的研究已经取得了一定的成果，主要集中在 CIPP 模型、游戏理论、幼儿园的教育质量评价及专研等方面，甚至很多学者以教育评价质量开设课程与辅导，但尚未有学者利用 CIPP 模型理论的视角对幼儿园游戏做出详细的结论与评定。

2.1　象征性游戏评价的多元化主体和以幼儿为中心的价值取向

游戏评价的主体即幼儿游戏的评价者，主要包括教育管理者、教师、

---

① 刘则渊. 发展战略学 [M]. 杭州：浙江教育出版社，1988：73–78，93–101.

② Madaus G F, Scriven M, Stufflebeam D L. Evaluation models : viewpoints on educational and human resources evaluation[M]. Boston : Kluwer Academic Publisher, 2000 : 280.

幼儿。① 教育管理者及其所代表的教育行政部门负责制定幼儿游戏评价的标准，并进行有关评价，为幼儿游戏评价提供导向。教师既是幼儿游戏的组织者、指导者，又是评价者。幼儿是幼儿游戏的主体，其兴趣、努力与表现直接影响活动效果，其体验与感受、见解与评价直接反映活动质量，因而也是评价者。在上述评价主体中，教育管理者具有相当的权威，通常以上级管理部门与社会力量结合的形式评价幼儿游戏，或者由园长、副园长等人评价本单位的游戏活动。教师对幼儿游戏的评价对于提高活动质量最具有实际意义，也是最重要的一环，且幼儿认知水平有限、评价能力不高，因此教师也承担了幼儿游戏评估的重要责任。

从最近发展状况来看，主体互动化发展趋势已经十分明显，幼儿作为幼儿游戏评价者的主体地位受到人们的肯定。② 在以教师为主体的幼儿游戏评价中，幼儿仅仅作为评价客体而存在，不利于其主体性作用的发挥。让幼儿积极加入相关评价过程，有针对性地开展经验交流活动，不仅能使其收获众多游戏的乐趣，同时也可以为责任意识培养打下坚实基础。③ 从理论上来说，尽管对幼儿象征性游戏开展评价工作都是为了促进幼儿身心健康发展，但是评价工作牵涉的利益方比较多，不同的利益人需求不同，看待幼儿象征性游戏评价的视角往往很难满足一致性要求，但无论评价主体是谁，以幼儿为中心的价值取向是确定的。

2.1.1 幼儿象征性游戏评价的多元主体

幼儿象征性游戏评价的主体是多元化的，如自下而上的视角的评价主体是幼儿，外部—内部视角的评价主体是幼儿家长，内部视角的评价主体是机构内的工作人员，外部视角的评价主体是社区和社会大众。不同视角的评价主体对幼儿象征性游戏评价的关注点是不同的。

自上而下的幼儿象征性游戏评价视角通常关注幼教机构的游戏环境设置和师资情况，如师生比例、班级规模、教职员的资格与稳定、游戏材料的设备与质量、游戏空间的质量。这些标准是可以直接观察到并且可以依法执行的。

自下而上的视角通常是关注幼儿在象征性游戏中的感受和行为，如是否感到在象征性游戏中受欢迎、有归属感，是否感到被老师和同伴接

① 郑名 . 学前游戏论 [M]. 兰州：甘肃人民出版社，2006：32,271-374.

② 彭俊英 . 幼儿园教育评价主体的发展趋向 [J]. 教育导刊，2002（Z3）：25-26.

③ 张晖 . 对幼儿游戏评价的反思 [J]. 早期教育，2003（12）：17.

受和了解、受到保护而不是感到被忽略或排斥，是否感到大部分的象征性游戏活动吸引人、有挑战性、有意义而不是乏味、无聊或琐碎的，是否感到自己大多数情况下能胜任象征性游戏而不是常常受挫、沮丧。这些评价指标源于关于影响幼儿在象征性游戏中的水平和能力的研究结果。它们决定着幼儿象征性游戏的质量，是幼儿象征性游戏评价最实际且最真实的预测因素。

外部—内部的视角是从家长的需求和感受出发来评价幼儿象征性游戏，如象征性游戏主题是否能考虑到家庭教育的需要，教师对家长的态度是尊重还是控制，教师是否理解和尊重家长对孩子所持有的目标与价值观，教师与家长之间的接触是否持续而频繁。尽管这些方面的特征不可能完全由托幼机构和教师决定，家长作为幼儿生活经验获得的第一参与者，也是"责任人"，但托幼机构应从对幼儿负责的专业角度出发，主动与家长建立信任和合作的关系。这也是幼儿象征性游戏质量的重要体现。

内部的视角，即幼儿教师的视角。教师将会从自己与同事、领导和幼儿家长之间的关系来评价象征性游戏，如：游戏中同事之间的关系是相互尊重和信任、相互支持和合作，还是互相猜疑、敌对和竞争；家长对教师对游戏的支持与指导是尊重和支持，还是不满和猜疑；机构为开展象征性游戏提供的游戏条件是否鼓励教师追求专业发展，对教师工作分工是否合理，是否倾听和尊重教职工的观点。有研究表明，教师和保育员如何对待幼儿象征性游戏与他们在机构内受到何种对待有很大的关系。总的来说，当教师认为自己被友好对待时，就可能给幼儿提供一个良好的游戏精神环境。因此，象征性游戏评价不能忽视这些方面的特征。

外部的视角，即机构所处社区的居民和民意代表的视角。他们往往从幼儿象征性游戏是否满足社区内所有家庭的需要并有利于幼儿发展的角度来评价象征性游戏。因此，他们关注的更多是教师的资格和教师队伍是否稳定，机构与家庭关系是否和谐，以及社区的决策者是否给机构和教师提供足够的资源等。由于幼儿是否在象征性游戏中有积极的体验与社区内每个成员能否安心生活有关，所以这个视角所关心的问题也是评价幼儿象征性游戏时不可忽视的。

由于各方面人士的关注点可能存在很大的差异，因此单从某一视角审视，不可能对幼儿象征性游戏做出全面、客观的评价。比如，某机构教师的资格等虽然水准相当高，却有可能无法提供适合某些幼儿的象征性游戏开展条件；而另一个机构可能空间不足或游戏材料陈旧，但大部分幼儿对开展的象征性游戏却相当满意。又如，一个机构可能给幼儿提供了很好的游戏环境，但家长却感到没有受到尊重甚至感到受教师摆布；而另一个机构可能使家长相当满意，但幼儿却并不喜欢它。由此可见，幼儿象征性游戏评价有必要参照所有与象征性游戏有利害关系的人的经验，从多重视角进行全面检视。

但是，各方的观点是否具有同等的重要性还需要进一步审视。在各方对"优质"的幼儿象征性游戏所持的观点有分歧的情况下，应该制定科学合理的评价标准。欧美国家在相关活动质量评估标准制定的过程中，往往采用自上而下的视角考虑问题，在关注幼儿机构质量因素的基础上，确保幼儿身心健康发展需求可以得到全面满足。整个过程中，必须将多方面角色的客观感受考虑在内，同时审视对应的民意观念。也就是说，要先在专业界内部依据对影响幼儿在象征性游戏中学习与发展的各方面因素的研究和经验，建立一套衡量幼儿象征性游戏的指标及其标准，对专业行为的准则形成共识，然后请各方人士共同参与讨论这些指标及其要达到的标准。

2.1.2 幼儿象征性游戏评价的自然主义价值取向

"幼儿象征性游戏评价的自然主义价值取向"是指参与幼儿象征性游戏评价的主体对幼儿象征性游戏评价的观点、价值和信念，主要涉及对幼儿象征性游戏地位的观念，对象征性游戏与幼儿学习与发展关系的观念，对如何通过象征性游戏促进幼儿发展的观念，以及由此确立的幼儿象征性游戏目标和规范等。研究对幼儿象征性游戏评价部分虽然采用了实证分析的方法，但是对实证分析的数据第一手资料的获取则采用了非参与式的观察法，严格遵守并保护了幼儿象征性游戏发生、发展的自然性。

2.1.2.1 自然主义价值取向的基本含义

研究基于卢梭关于儿童天性中包含主动自由、理性和善良因素的结论，以及他呼吁保护儿童纯真天性，让儿童个性充分发展的价值观。自然主义价值取向来源于法国 18 世纪伟大的启蒙思想家、哲学家、教育家、文学家卢梭的自然主义教育思想，其核心是教育要"归于自然"。"自然的状态"在卢梭关于人类不平等和国家的起源学说中固然是指人类的史前时代，但在教育上更侧重指人性中的原始倾向和天生的能力。它与人类的"自然状态"又是紧密联系在一起的：善良的人性存在于纯洁的自然状态之中，只因社会的文明特别是城市的文明才使人性扭曲、罪恶丛生。因此，只有"归于自然"的教育，远离喧嚣城市社会的教育，才有利于保持人的善良天性。卢梭还从儿童所受的多方面的影响来论证教育必须"归于自然"。他说每个人都是由自然的教育、事物的教育、人为的教育三者培养起来的，只有三种教育圆满地结合才能达到预期的目的。但自然的教育不能人力控制，所以无法使自然的教育向事物的和人为的教育靠拢，只能是后两者与自然的教育趋于一致，才能实现三种教育的良好结合。因此，教育"归于自然"，即以自然的教育为基准，才是良好、有效的教育。

如前所述，幼儿象征性游戏作为幼儿游戏的主要形式和幼儿教育的重要手段，也应当遵循幼儿的自然天性，也就是要求幼儿在自身的教育和成长中取得主动地位，无须成人的灌输、压制、强迫，教师的主要作用是创造良好的环境、适当地介入、防范不良的影响。幼儿象征性游戏"归于自然"，遵从幼儿的天性，就是对幼儿象征性游戏开展评价的目标和根本原则。幼儿对象征性游戏的种种需求就如饮水起居一样是幼儿的天性，开展教育评价工作要尊重幼儿的需要，为幼儿的自我完善营造一个绿色的环境，给幼儿提供更广阔的发展空间———一切为了幼儿的成长需要而努力。卢梭在《爱弥儿》中表示，自然教育的最终目标是培养"自然人"。大自然希望幼儿在成人以前就像幼儿的样子。如果我们打乱了这个次序，他们就成了一些早熟的果实，既长不丰满也不甜美，而且很快就会腐烂，就会产生一些年轻的博士和老态龙钟的儿童。自然人是能独立自主的人，能独自体现出自己的价值；在自然的秩序中，所有的人都是平等的。自然主义教育的核心是"回归自然"。善良的人性存在于纯洁的自然状态中，幼儿所受的多方面的影响可以用以论证教育必须"回归自然"。

2.1.2.2 自然主义价值取向的教师对幼儿象征性游戏的支持与指导观

第一，象征性游戏中教师对幼儿的支持与指导必须遵循自然，让幼儿的天性率性发展，顺应人的自然本性。卢梭关于自然、自然人及自然教育的论述，阐明了一个深刻的道理：幼儿的身心发展有其自然规律，教育（游戏）应当顺应幼儿的天性，遵循和尊重这些规律而不能与其对抗。中世纪的人们的思想行为被牢牢地禁锢在封建礼教之下，丝毫无自由可言，封建制度严重地压制着人们的天性，使人喘不过气，而作为反封建的启蒙思想家，卢梭一向憧憬和向往充分展现人的自然本性的善良和快乐、自由的人的自然状态。在他看来，人类脱离自然状态以后，便进入了丧失人的自然本性的充满竞争、猜疑、倾轧、冲突、贪婪、野蛮的社会状态。卢梭说："我们生来是软弱的，所以我们需要力量；我们生来是一无所有的，所以需要帮助；我们生来是愚昧的，所以需要判断的能力。我们在出生的时候所没有的东西，我们在长大的时候所需要的东西，全都要由教育赐予我们。如果你想永远按照正确的方向前进，你就要始终遵循大自然的指引。"因此，自然主义价值取向的教师对幼儿象征性游戏的支持与指导观反对不顾幼儿的特点，干涉并限制幼儿自由发展。

第二，回归自然的象征性游戏还应注意到幼儿的个体差异，教师指导时应注意因材施教。每一个幼儿的心灵都有它自己的形式，必须按它的形式去指导它。教师在了解幼儿之后才开始对他指导。卢梭从"归于自然"的理论出发，重视儿童成长的顺序性和阶段性，强调要根据不同年龄时期的幼儿身心特点实施教育，教育过程应与幼儿的身心发展的各个阶段相一致。幼儿的成长可分为具有本质差别的相对独立发展的阶段，不同阶段各有其生理和心理特征。教师应当认真研究这些特征，使幼儿在象征性游戏中接受教育者的意图，在各个方面获得自然的和均衡的发展。我国对幼儿教师专业发展的要求与此是一致的，强调教师要关注幼儿的个性发展，对幼儿因材施教，要抓住其闪光点，创设情境，极力弘扬幼儿的个性，使幼儿得到全面的发展。以幼儿游戏中的理智教育为例，幼儿处于人生的"理智睡眠"期，幼儿的理智没有开化，只能接受形象，而不能形成概念。因此，教师在游戏的支持与指导中不应向幼儿灌输知识和道德，而应进行身体的各种感官的教育。自然主义价值取向反对对幼儿进行理智教育的主张，认为理智是一切官能中最后得到发展的官能，是由其他官能综合而成的。因而，不能在理智还没有得到发展时就对幼儿强行灌输理智，否则形成的偏见将会妨碍幼儿以后接受正确的知识，妨碍幼儿今后独立运用自己的理智及智力的发展。

第三，自然主义价值取向的幼儿游戏支持与指导强调对幼儿实行实物教育，即直观教育，尽可能地用直接观察来代替书本知识，使他们运用直观性原则去了解事物，发展幼儿的独立精神、观察能力和灵敏性。实物直观就是指幼儿所能直接认识的自然界和生活事实本身，"以世界为唯一的书本，以事实为唯一的教训"，大自然就是一部有用、真实和易于理解的大书。

2.1.2.3 自然主义价值取向的幼儿在象征性游戏中的行为观

自然主义价值取向重视幼儿在象征性游戏的实践行为，幼儿在象征性游戏中的身临其境、身体力行意义重大。幼儿通过说教获得的信息远远不及在行动和经验中学到的知识。卢梭提出了"自然后果"的原则。认为应当使幼儿认识到游戏的结果正是由个人的行为导致。比如，如果幼儿在游戏中发生了撒谎行为，则谎言的种种不良后果就会落在幼儿头上了，在这种情况下，即使说的是真话也没有人相信，即使没有做什么坏事也要被人指责说干了坏事；当幼儿对游戏材料存在破坏行为时，幼儿会感受到没有游戏材料的不便和失去游戏材料的难过。通过对这些行为结果的意识和反思，幼儿从自身行为中得到教训，主动修正建构个体的不良行为和信念。因此，幼儿应通过切身体验来认识周围事物和现象，认识活动和活动结果的意义。

综上所述，幼儿象征性游戏评价的价值取向比较稳定和持久地影响着游戏评价的各个环节，是由直接参与评价的成人在长期社会化过程中获得的。这些观念是非个人的，具有普适性，因为这些观念在幼儿教育话题内随处可见，但是由于地域、文化以及所出现的年代不同，会翻出无穷无尽的花样。不同的观念对幼儿象征性游戏评价有着不同的支配作用。研究以自然主义价值取向为评价的基本价值取向，并将此价值取向评价的原则渗透在基于 CIPP 的幼儿象征性游戏理论模型和指标体系构建的具体描述中。

2.2　基于 CIPP 的幼儿象征性游戏评价理论模型

作为对泰勒目标导向模型的突破与修订，CIPP 模型有助于促进改革速度的提升，以实现最终目标为基础，确保能够长期保持较高发展水平。采取有效措施，将 CIPP 模型与幼儿象征性游戏评价机制全面整合为一体，打造相关理论研究模式，确保可以为实践活动开展打下坚实基础。以揭示幼儿象征性游戏作用机制和构建幼儿象征性游戏评价理论模型为核心，遵循对应发展原则，有针对性地进行评价指标选择，进而确保相关指标的关联性特征能够全面体现出来。在打造良好发展关系的基础上，从科学、客观的角度对整个活动流程进行相应总结，包括分析对应的游戏环境，分析对应操作性习惯对整个象征性游戏过程所产生的实际影响作用。整个过程中，相关评估指标将成为后续研究活动开展的主要对象。

2.2.1 CIPP 评价模式在幼儿象征性游戏评价中的优势

关于幼儿游戏评价的理论模式，目前存在目标获得性评价模式、鉴定性评价模式、差距评价模式、目标游离评价模式、应答评价模式等。CIPP 评价模式与其他评价模式不同的关键在于这种评价模式以改进为主要导向，为教育实践者提供专业背景分析的素材、资源输入的建议和成果质量的尺度。基于 CIPP 的幼儿象征性游戏评价的目的不仅在于检测游戏目标的达成度，还在于及时发现游戏开展中存在的问题，明确幼儿象征性游戏发展的方向，为幼儿游戏决策提供准确、实用、详细的信息，以更好地指导幼儿象征性游戏的开展。

第一，CIPP 评价模式的优势表现在其形成性评价和改进功能方面。斯塔弗尔比姆的 CIPP 模型的提出已经确保相关评价思想正式形成。整个过程中，与泰勒的行为目标模型相比较，其定位功能特征体现更为明显。[①] 这里需要注意的是，在相关模型作用下，可以更好地开展幼儿象征性游戏评价活动，同时将角色特征全面体现出来，在了解对应背景、流程等要素的基础上，对传统游戏教育方案进行全面优化。CIPP 评价与形成性评价和总结性评价的关联情况如表 2.1 所示。

表2.1 CIPP与形成性评价和总结性评价的关联

评价类型	背 景	输 入	过 程	结 果
改进/形成性评价	目标确定情况下确保分配问题得到全面解决	选择方案，并对相关图形进行分析，完成相应预算输入操作	指导行为实施	调整整体格局
证明/总结性评价	在充分考虑自身需求的基础上，寻找更多机会开展相应评定活动，同时确保目标问题得到全面解决	选择对应设计图，记录整个方案发展过程	了解整个记录流程发展状态	记录评估结果、方案需求、重大决策制定流程等

在 CIPP 的四个要素评价中，操作步骤基本相似。以背景评价为例，这三个步骤如下：决定将要阐述哪些问题，以描述决策者所需要的信息；决定如何掌握所需信息，采用何种测量与分析技术获取信息；决

① Kellaghan T, Stufflebeam D L, Wingate L A. International handbook of educational evaluation[M]. Dordrecht : Kluwer Academic Publishers，2003 : 35.

基于 CIPP 的幼儿象征性游戏评价研究

定如何报告所获信息，从而向决策者提供高度有用性的信息。斯塔弗尔比姆认为，一项好的评价要求对评价本身也做出评价。评价本身可能也含有偏见、技术性误差，以及执行困难和误用等，因此，对 CIPP 模式中各类评价过程与作用应做出效能核定。核定评价过程本身的价值，不仅可以改善持续进行的评价活动，而且可以评估所完成的评价努力的优点。

第二，CIPP 模型使用范围广，综合性强，可在幼儿象征性游戏发展的任何阶段进行。在对泰勒模型所对应的行为目标进行有效定位的基础上，充分强调相关决策评估所具备的实际效用。该部分因素能够有效化解相关信息发展不足的缺点，同时确保优势效用全面体现出来。因此，应在充分考虑象征性游戏教育目标需求的基础上，进行科学性、有效性判断活动。该操作流程所发挥的影响作用相对更为关键。不仅如此，在进行有针对性指标量化考核的基础上，还应确保相关价值判断作用能够全面体现出来。

第三，CIPP 模型尝试从四个不同角度开展相关描述操作，对应的系统方式可以利用反复信息确保决策制定能够形成对应反馈信息。为了确保幼儿象征性游戏教育需求得到全面满足，应在不断进行目标调整的基础上，使反馈机制效用整体体现出来。该模型以教育评估为核心，充分强调评价工作对教学活动所起到的实际影响作用，同时可为实现教育质量提升目标打下坚实基础。

第四，CIPP 模型对教育决策人员所具备的实际效用往往以服务提供为主。充分整合相关资源，尝试从四个不同方面入手，完成对应发展决策制定。整个过程中，确保教育评估带有科学性、系统性特征。不仅如此，流程评价也必须清晰有效，同时满足可操作性发展要素。一方面，在综合考虑评价所具备优势作用的基础上，采用单一评价方式，确保可行性发展需求得到全面满足；另一方面，在方案进入具体实施阶段后，充分发挥评价操作所具备的实际效用。

综上所述，CIPP 模型建设完成后，从最终目标角度分析，其已经将关注重点集中在教育政策实施过程中；从评估层面角度分析，CIPP 模型的计划价值特征相对十分显著；从评价方式角度分析，在进行有针对性资料搜集阶段内，评价的认可度、信任度等都会得到明显增强。[1] CIPP

① 肖远军 . CIPP 教育评价模式探析 [J]. 教育科学，2003，19（3）：42-45.

评价模式对我们的启示是多方面的。从理论角度分析，该模式应当纳入一般方案评价管理范畴。具体实施阶段内，由于需要将理论与实践因素有效结合，对应工作的改造要将事物的实际特征全面体现出来。CIPP 评价模式的每一个阶段都要满足可持续发展需求。同时，在不断进行相关概念的推广阶段内，深层次研究作用往往十分关键。

2.2.2　基于 CIPP 的幼儿象征性游戏评价模型结构及其诠释

CIPP 模型评价是一个典型的系统功能。[①] 在 CIPP 模型正式提出后，其可以为相关评价活动开展打下坚实基础，详细情况如表 2.2 所示。

表2.2　CIPP模型设计原则

评价要素	设计原则
确认评价任务	选择评估对象； 了解当事人是否能够对评价结果产生实际影响； 制定评价目标，优化评价方案，选择科学评价方式； 将评价背景、评价过程等准确记录下来； 结合实际状态完成完善评价原则制定
获得信息的计划	一般的策略：通过开展案例调查研究或现场实验活动； 通过有效测量提出科学假设； 开展有效信息搜集活动，并对相关资料进行全面整理； 开展信息分析活动，分析内容要从质量和数量两方面进行； 解释评估结果，并做出科学性判断
报告结果的计划	报告的准备与评估，确保整体评估影响范围得到全面扩大
实施评价的计划	评价进度的概述； 达到满意的需求发展状态； 定期对评价结构进行更新； 提供完整的备案合约记录

以 CIPP 模型为核心，开展四要素评价活动，相关结果可以为教育决策制定提供有效的参考依据，CIPP 模型的具体操作环节如图 2.1 所示。[②]

---

① 肖远军.CIPP 教育评价模式探析 [J]. 教育科学，2003，19（3）：42-45.
② Stufflebeam D L，Madaus G F，Kellaghan T. 评估模型 [M]. 北京：北京大学出版社，2007：328.

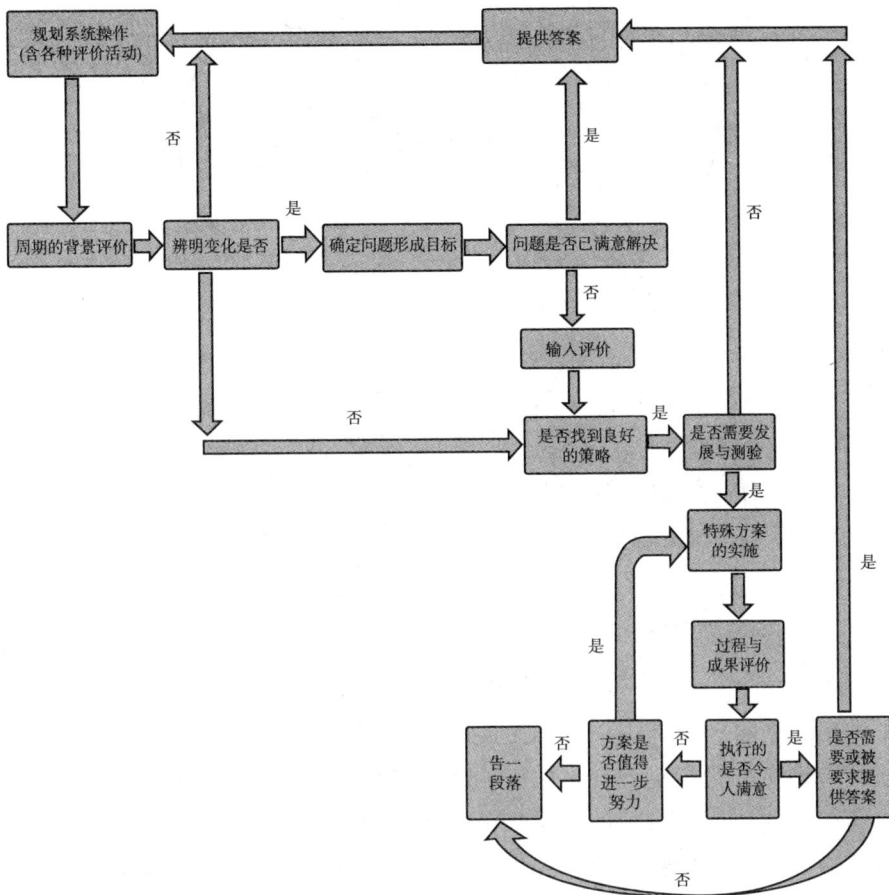

图 2.1　CIPP 模型操作流程

　　幼儿象征性游戏评价要求幼儿园管理者、幼儿园教师、幼儿家长和幼儿乃至政府、企业、社会等利益相关者都积极参与到相关发展阶段内，以幼儿园教育目标为核心，确保自身所具备的潜能优势作用可以全面发挥出来。从实际发展状况来看，评价工作开展往往包含多方面内容，如游戏背景、游戏现状、游戏环节、游戏内容，通过开展自我评价活动，可以对其结构产生科学性认知，同时确保决策质量得到全面提升，共同为幼儿园教育资源优势作用发挥打下坚实基础，实现幼儿教育的增值与幼儿象征性游戏的持续提升。基于 CIPP 的幼儿象征性游戏评价环的总体结构如图 2.2 所示。

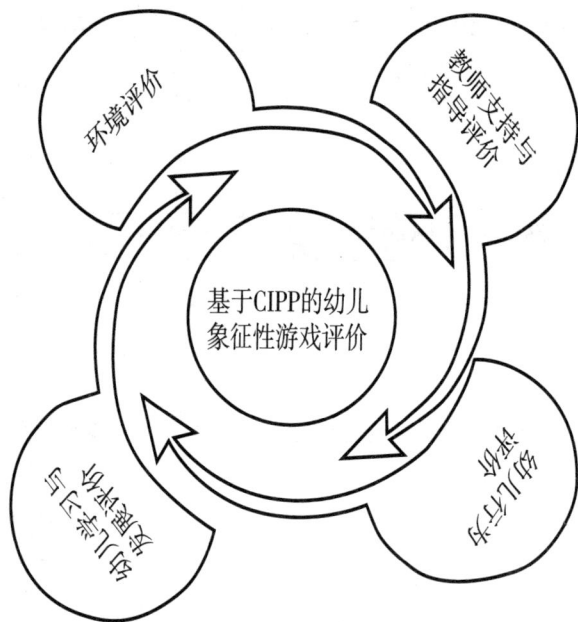

图 2.2　基于 CIPP 的幼儿象征性游戏评价环

在确立同 CIPP 模型相匹配的幼儿象征性游戏及其构成的前提下，完成相应理论评价模型设计。CIPP 评价将幼儿象征性游戏作为一个整体，贯穿于幼儿象征性游戏的每个环节，而不是评价某一个部分，由背景评价、输入评价、过程评价、成果评价等四种评价组成，这四种评价为决策的不同方面提供信息。我们将该模型特征总结为以相关因素为前提，完成幼儿象征性游戏环境建设。整个过程中，通过输入相关评价，确保可以为幼儿象征性游戏活动开展提供强大保障，充分强调以幼儿行为做核心，使相关发展能够与预期目标保持高度一致性。基于 CIPP 的幼儿象征性游戏评价的理论模型需要包含游戏的整个发展流程，同时对各个环节产生实质性影响作用，始终强调以幼儿决策为核心，为相关决策活动的开展打下坚实基础。基于 CIPP 的幼儿象征性游戏评价理论模型，围绕幼儿教育向外辐射和分化为幼儿象征性游戏环境、教师对幼儿象征性游戏的支持与指导、象征性游戏中幼儿行为和象征性游戏中幼儿学习与发展。在进行综合性评估的过程中，共同为相关决策制定打下坚实基础。

基于 CIPP 的幼儿象征性游戏评价将幼儿象征性游戏环境、教师对幼儿象征游戏的支持与指导、象征性游戏中的幼儿行为和象征性游戏中的幼儿学习与发展之间的种属线性关系进行了全面体现，体现了幼儿象征性游戏评价构成与背景、输入、过程行动和成果四个评价要素相互影响、相互作用的结果。其中，不同类型的评价要素关注重点往往存在较大差异，我们可以将其理解为决策类型、组织决策、实施方案、信息提供流程的不同，进而在整合对应资源的基础上，有针对性地开展相关评估活动。以相关评估结果为基础，不断对评价体系进行优化建设，在了解对应评估结果的基础上，确保功能改进效用可以全面发挥出来，而不是单纯强调评价效用发挥的重要性。

首先，结合实际发展状态，对幼儿象征性游戏环境开展相关评估活动。目前，以象征性游戏背景为基础的评估主要体现在决策服务计划制订的过程中，其自身属于目标诊断性评价管理范畴。从对应的要素定义中我们能够了解到，对游戏环境进行描述时，需要以幼儿需求为核心，完成相应目标设定，同时对存在的幼儿教育发展问题进行有效诊断。所以，以特定幼儿游戏为核心的评价活动必须将游戏所涉及的环境因素全面考虑在内，在同时满足物质及精神环境需求基础上，体现良好作用效果。但大部分精神环境都不满足提前预设条件，而是教师与幼儿在长期的师幼互动、同伴互动中逐渐形成并发展起来的，因此对幼儿象征性游戏环境的评价在这一部分只评价物质环境部分。就物质环境而言，幼儿象征性游戏的环境区别于其他幼儿游戏环境，主要区别在"象征性游戏材料及其投放"为表征上。

其次，基于输入的教师对幼儿象征性游戏的支持与指导评价。在相关信息评价的输入过程中，该部分因素可以为决策组织工作开展提供良好服务。整个过程中开展有计划评价，使对应设计方案能够满足可行性要求。该评价要素往往直接影响最终游戏目标的实现，同时相关因素往往直接影响幼儿对游戏目标的设定。在相关改革活动开展阶段内，游戏方案制定也有了明确方向。所以，相关内容的输入也会体现对应教师对幼儿象征性游戏的支持与指导水平。在教师对幼儿象征性游戏的"教育引导行为""对活动结果的评价/反馈""观察与监督""看护与情感表达"的共同作用下，提升幼儿象征性游戏输入配置。

再次，基于过程行动的象征性游戏中幼儿行为评价。幼儿象征性游戏的过程评价为幼儿象征性游戏实施决策服务，是对幼儿象征性游戏行动的高效性评价。该部分要素也会对游戏方案的可行性产生一定影响。整个过程中，要保持良好判断状态，有针对性地开展信息反馈操作。

综上所述，幼儿象征性游戏过程行动评价着力于提升象征性游戏中游戏行为水平。象征性游戏中幼儿的"大小肌肉""表达与表现""品行与社交""情感表达"是幼儿象征性游戏过程评价的重要因素，可确保幼儿所具备的行动能力在整个游戏过程中都可以得到全面提升。

最后，以成果为基础的象征性游戏中的幼儿学习与发展评价。幼儿象征性游戏的成果评价为幼儿游戏教育重复决策服务，是对幼儿学习与发展的形成性评价。"社会性特征""交往行为与技能""亲社会习惯""行为控制""情绪控制"是幼儿学习与发展评价的考量因素，该部分评价往往可以对目标实现起到直接的影响作用，同时为达到良好决策效果打下坚实基础。

2.3 基于 CIPP 的幼儿象征性游戏评价指标体系

采取有效措施，将 CIPP 模型与幼儿象征性有形评价机制全面整合为一体，通过打造相关理论研究模式，确保可以为实践活动开展打下坚实基础。以揭示幼儿象征性游戏作用机制和构建幼儿象征性游戏评价理论模型为核心，遵循对应发展原则，有针对性地进行评价指标选择，进而确保相关指标的关联性特征能够全面体现出来。在打造良好发展关系的基础上，从科学、客观的角度对整个活动流程进行相应总结，包括分析对应的游戏环境，分析对应操作性习惯对整个象征性游戏过程所产生的实际影响作用。整个过程中，相关评估指标将成为后续研究活动开展的主要对象。

2.3.1 基于 CIPP 的幼儿象征性游戏评价指标体系构建原则

在综合考虑模型自身优势及不足的基础上，完成了相关评价指标体系建设，整个过程中，在以掌握相应教育理念和理论为基础和方向的同时，还需要遵循一定的原则，保障建构过程的科学性和有效性。需要强调的是，在进行对应可行性指标体系建设的过程中，只有数据真实性达到目标要求，才能得到预期发展结果。从目前发展状况来看，针对幼儿象征性游戏进行评价的工作尚处于发展初级阶段，尤其在相关资料严重匮乏的情况下，很容易导致数据分析与整理无法满足预期目标要求，这就需要我们遵循一定的原则。

第一，方向性原则。方向性原则是指幼儿象征性游戏评价指标体系应能反映幼儿教育的总目标。幼儿教育的总目标体现在幼儿教育指导文件中。比如,《幼儿园工作规程》规定幼儿教育要包含德、智、体等多个方面,确保综合发展需求得到相应满足;《幼儿园教育指导纲要(试行)》规定幼儿教育要确保和谐发展目标能够最终实现。所以,应结合幼儿教育的最终发展目标,完成相应发展战略的制定。具体发展阶段内,它是幼儿教育评价的总方向,更是幼儿象征性游戏评价指标体系建构的总方向。

根据方向性原则,幼儿象征性游戏评价的总体指标体系必须包含幼儿象征性游戏涉及的方方面面,如游戏环境的评价、教师支持与指导的评价、游戏过程中幼儿行为的评价、幼儿的学习与发展评价、游戏中的师幼互动评价、幼儿的同伴交往评价,任何一个方面都不能缺少。如果建构各级评价指标只重视某个方面如游戏环境方面,势必会造成社会、家庭和幼儿教育机构对幼儿象征性游戏目标的错误理解。例如,如果在评价指标中过分强调室内活动区指标,就会引导众多家长片面地追求幼儿园的室内物质环境,最终导致幼儿教育的片面和幼儿发展的片面。

第二,可行性原则。幼儿象征性游戏评价是对游戏进行实际的测量和评定,并根据评价结果做出价值判断,具有非常强的实践性和操作性。因此,必须保证所制定的幼儿象征性游戏评价指标体系切实可行。如果没有可行性,幼儿象征性游戏评价就会成为无源之水。也就是说,应注意评价指标体系必须满足对应发展要求。

只有打造的幼儿象征性游戏评价体系满足全面性、先进性要求,才能够确保相关评价工作开展满足预期目标要求。整个过程中,由于目标评估自身承担相对较高的工作压力,很容易使相关工作与幼儿园实际工作发展状态存在本质性差异。因此,构建幼儿象征性游戏评价指标体系时,必须确保存在的问题可以得到全面解决,适当对存在的矛盾进行全面调整,在建设科学指标的体系过程中,确保其切实可行,能够真正满足预期目标要求。

第三,全面性原则。全面性原则主要是指在幼儿象征性游戏评价体系建设的过程中,必须将全面性信息要素综合考虑在内。评价指标的全面性是由幼儿教育的总目标决定的,根据促进幼儿全面发展的要求,评价指标要能涵盖幼儿象征性游戏的各个方面,而不是只涉及某一个或某几个方面。例如,幼儿象征性游戏环境评价指标只包括室内环境方面,缺少户外游戏环境方面,评价指标体系就不全面,也不符合当前幼儿教育发展的价值取向。

贯彻全面性原则还要求在幼儿象征性游戏评价中全面、充分地收集有关信息，不要偏听偏信。例如，对幼儿象征性游戏进行评价，不能只以某一所幼儿园的象征性游戏为依据，也不能以某一个班级的象征性游戏为依据，而要选择多所幼儿园和不同年龄段的多个班级为评价对象；不能只听取教师的意见，还应听取幼儿甚至幼儿家长的意见，以收集各方面的信息，然后再进行分析、归纳，做出恰当的评价。

第四，一致性原则。一致性原则有两个方面的含义。一方面是指幼儿教育目标和游戏评价目标是一致的，即要和幼儿教育法律法规文件中关于幼儿教育目标规定的统一要求和标准相一致。我国幼儿教育的总目标是建构幼儿象征性游戏评价指标体系的依据和出发点，任何偏离《幼儿园工作规程》和《幼儿园教育指导纲要（试行）》要求的评价指标体系都是没有意义的。另一方面，所谓一致性原则，主要是在评价指标、评价对象过程中发挥作用，相关因素之间不能存在明显差异性，对应标准要高度一致。这就意味着建构幼儿象征性游戏评价指标体系时，对各个方面的评价要遵循统一的标准。只有遵循一致性原则进行幼儿象征性游戏评价，才能区分评价对象的发展状态，确定游戏的真实水平。

2.3.2　基于 CIPP 的幼儿象征性游戏评价指标体系的构建

研究将 CIPP 教育评价模式运用于幼儿象征性游戏评价，评价目的不在于证明，而在于改进。基于 CIPP 的幼儿象征性游戏评价将幼儿象征性游戏作为一个整体来进行评价，而不是评价某一个部分。它由背景评价、输入评价、过程评价、成果评价四种评价组成，这四种评价为象征性游戏决策的不同方面提供信息。首先，CIPP 评价贯穿于幼儿象征性游戏的每个环节；其次，CIPP 评价在大数据背景下对幼儿象征性游戏的全过程进行监控，通过过程监控，可以使游戏过程中不利于幼儿学习与发展的潜在原因、不利因素以及与游戏目标之间尚存的距离等情况变得清晰明朗，也可以使象征性游戏活动在执行过程中能够不断据此做出适时、适当的战略、策略调整或方式、方法改进；再次，CIPP 评价可以对幼儿象征性游戏质量进行及时反馈。成果评价既可以在象征性活动结束以后进行，也可以在活动之中进行。也就是说，CIPP 评价模式不仅希望活动以后进行成果评价，使其反馈意义更多地作用于后续的实践，同样还希望在游戏之中进行成果评价，以使其反馈意义更多地作用于正在实施着的游戏活动。因为游戏活动中的成果评价可以再次为改善和促进游戏进程提供更多有益的依据和动力，又有助于充分挖掘幼儿的发展潜能和强化幼儿的学习动机。

评价标准的选择过程中，影响幼儿象征性游戏评价的关键性因素往往是重点考察对象。只有充分结合相关理论指标，才能够确保系统合理化要求得到相应满足。整个过程中，利用综合发展成果，为幼儿象征性游戏研究指出明确方式。由于评估指标制定方式存在较大差异，对应地，幼儿象征性游戏评价的结果各异。① 调查选取的美国得克萨斯大学弗罗斯特教授于1991年提出的关于游戏环境评价量表与国际对应发展计划所制定的管理方案等都可以充分发挥评价工具效用，分别是"幼儿活动观察""教师行为观察""师幼互动观察""幼儿发展测评"。《幼儿园教育质量评价手册》（以下简称《手册》）强调了具体幼儿象征性游戏评价方式，同时将自身所具备的客观性、描述性特征全面体现出来。整个阶段内，评价工具"幼儿活动观察""教师行为观察""幼儿发展测评"是在"八五IEA中国学前教育项目"第二阶段的相关研究结果进行有效评价的基础上而形成的；"师幼互动观察"评价工具主要以知名的学前评估工具为核心，结合相关发展要求，对有效研究成果进行全面总结。从实践结果中我们能够了解到，相关工具已经从根本角度，较为全面、客观地将幼儿园教育质量发展水平整体体现出来。《手册》主要是由中央教育科学研究所基础教育研究中心学前教育研究室的研究人员主持编写。评价工具"幼儿活动观察""教师行为观察"由易凌云、廖贻修订；"幼儿发展测评"由刘占兰、廖贻编制；"师幼互动观察"由陈琴修订。②

基于CIPP的幼儿象征性游戏评价指标制定及体系建设的过程中，都是以幼儿象征性游戏背景为核心，将整个阶段内的相关评价结果有效结合起来，同时以教师支持为前提，从四个不同角度对评价指标进行有效划分的。

2.3.2.1 幼儿象征性游戏环境评价工具

研究参考并提取了美国得克萨斯大学弗罗斯特教授于1991年提出的关于游戏环境评价量表中与幼儿象征性游戏环境相关的因素，建立了关于幼儿象征性游戏环境评价变量的主要变量与分层，如表2.3所示。

---

① 刘焱.幼儿园游戏与指导[M].北京：高等教育出版社，2012：305-318.
② 中央教育科学研究所学前教育研究室.幼儿园教育质量评价手册[M].北京：教育科学出版社2009：1-9.

表2.3 幼儿象征性游戏环境特征的主要变量与分层

一级变量	二级变量	三级变量
环境特征	● 环境内容	● 可供幼儿开展象征性游戏的设备和材料 ● 废弃的但有游戏价值的材料 ● 定期更新游戏材料
	● 环境管理与安全	● 设施设备的尺寸适合于幼儿的年龄。攀爬的高度应限于182～213厘米 ● 所有的安全设施是维护良好的
	● 教育性	● 鼓励幼儿游戏：吸引人的、方便的通道；开放的、流动的和令人放松的环境；从户内到户外通行无阻 ● 刺激幼儿的感官：在比例、亮度、质地和色彩上的变化和对比；多功能的设备；给幼儿多种经验 ● 支持幼儿与其他幼儿交往：各种不同的空间；足够大的空间以避免冲突的发生；能促进幼儿社会性交往的设备和设施
环境特征的程度	● 没有 ● 有，但无作用 ● 差 ● 一般 ● 较好 ● 都有且极好发挥作用	

2.3.2.2 教师对幼儿象征性游戏的支持与指导评价工具

教师行为是幼儿象征性游戏活动的重要输入要素，教师对游戏的支持与指导也是影响幼儿学习与发展的重要因素。因此，在幼儿象征性游戏输入评价研究中，将教师支持与指导作为动态性核心变量之一。观察、分析、评价教师对游戏的支持与指导的内容、性质与特点，能在很大程度上反映幼儿象征性游戏的输入情况。教师对幼儿象征性游戏的支持与指导评价的主要变量与分层如表2.4所示。

表2.4 教师对幼儿象征性游戏的支持与指导的主要变量与分层

一级变量	二级变量	三级变量
教师行为内容	● 教育引导行为	● 鼓励幼儿再次或继续活动 ● 帮助／解释／建议 ● 听幼儿有关帮助或困难的陈述 ● 引导／要求实践 ● 提供活动选择
	● 对活动结果的评价／反馈	● 对活动结果的一般性表扬 ● 对活动结果的一般性否定 ● 听与活动评价有关的话语
	● 观察与监督	● 伴随记录行为的观察 ● 作伴式监督 ● 一般性巡视
	● 看护与情感表达	● 友好情感表达 ● 安慰与保护 ● 否定性情感表达
教师参与幼儿活动的程度	● 不参与 ● 观察与监督 ● 短暂介入 ● 大段讲授与指导 ● 完全参与	

2.3.2.3 幼儿象征性游戏中幼儿行为评价标准

幼儿活动作为重要的动态的过程性变量之一，是影响幼儿学习与发展水平最为重要的因素。本部分对幼儿象征性游戏中幼儿行为的评价，从幼儿象征性游戏活动内容的适宜性、平衡性与全面性，幼儿实践操作程度的探索性以及幼儿的同伴交往状况方面，深入细致地观察分析幼儿象征性游戏活动的特点、深度与效果，从而评价幼儿的象征性游戏行为。幼儿象征性游戏活动观察评价的主要变量与分层如表2.5所示。

表2.5　幼儿象征性游戏活动观察评价的主要变量与分层

一级变量	二级变量	三级变量
活动内容	● 大小肌肉	● 大肌肉活动 ● 手指活动与小型操作
	● 表达与表现	● 角色表演 ● 幼儿对自己经验想法的叙述性讲述
	● 品行与社交	● 品行学习 ● 社会情感 ● 为集体服务
	● 情感表达	● 积极情感表达 ● 消极情感表达
幼儿操作实践程度	● 听 / 看	
	● 只说，无行动	
	● 实践	● 模仿 ● 一般操作 ● 观察 ● 探索性实践
幼儿的交往	● 与样本幼儿直接交往的幼儿数	

2.3.2.4 幼儿学习与发展评价工具

幼儿象征性游戏的根本目的是促进幼儿的学习与发展，满足幼儿身心发展需要。象征性游戏活动涉及的幼儿社会性学习与发展水平的主要变量与分层如表 2.6 所示。

表2.6　幼儿学习与发展评价的主要变量与分层

一级变量	二级变量	三级变量
社会交往	● 社会性特征	● 独立性与自信心 ● 领导欲
	● 交往行为与技能	● 表达愿望 ● 同伴交往、交谈 ● 分享、轮流、合作、协商 ● 承认错误与道歉 ● 寻求帮助与帮助同伴
	● 亲社会习惯	● 爱护环境和物品 ● 问好、道别

一级变量	二级变量	三级变量
自我控制	● 行为控制	● 收拾物品 ● 遵守规定 ● 克服困难
	● 情绪控制	● 发脾气、生闷气 ● 哭闹

3

幼儿象征性游戏案例及数据

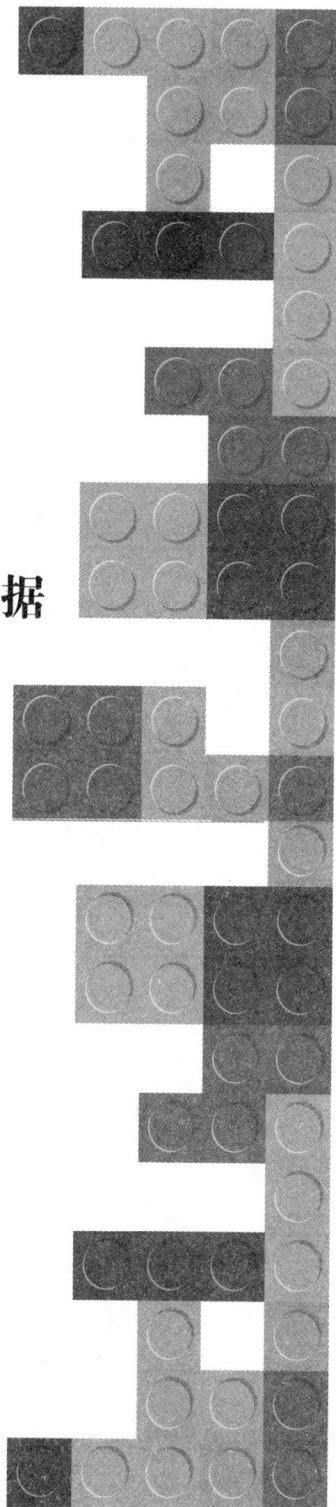

研究选取九所省示范园，进行半日活动观察，每个幼儿园连续观察三天，最终筛选了三个游戏区的八个案例作为研究对象，对观察记录表进行整理，将记录的数据录入 SPSS 统计软件。

3.1　幼儿象征性游戏案例

研究选取的三个游戏情景及其八个案例基本情况描述如下。

3.1.1　室内活动区：东北饺子馆

几天前，幼儿园附近的小吃街上新开了一家东北饺子馆，生意特别好，爱吃饺子的小朋友们几乎都和爸爸妈妈一起去东北饺子馆尝了饺子。老师发现小朋友们围在一起谈论和自己和爸爸妈妈一起吃饺子的情景，谈到饺子里包着各种馅料，有的小朋友还和妈妈一起在家里学习了包饺子，原来许多小朋友都有过和妈妈一起包饺子的经验，讲起来滔滔不绝。很快，班里新开了一间"东北饺子馆"，很受小朋友们欢迎。

游戏一：一起包饺子。

小班教师把原来室内的日常生活区改造成了小餐厅游戏区，餐厅的名字就叫"东北饺子馆"。很多小朋友来到游戏区，想在饺子馆里包饺子玩。于是小朋友们就开始四处寻找原料，制作饺子馅料。"东北饺子馆"就这样开张了。

笑笑在盒子里面看到了很多不同颜色的方形小塑料纸，灵机一动，说："有了！"他拿起一张绿色的小方纸揉成一个团，说："这个可以做成韭菜馅，把它包起来就好了！"笑笑把揉成的"韭菜团"放在圆形太空泥饺子皮上，用两手的大拇指和食指将饺子皮对折，两条圆边再对捏，然后同样用两手的大拇指和食指将饺子皮一点一点地转着圈合了起来。捏完后检查一下，发现饺子皮没有把馅料全部包裹住，他就把漏着馅料的地方的饺子皮打开一点，用食指把馅料再往里面塞了塞，重新捏了起来，直到饺子皮把馅料包裹严实为止。就这样，一个、两个、三个……笑笑包得很认真。

这时，罗罗也来到"东北饺子馆"，学着笑笑的方式开始包饺子。很快，盘子里包好的饺子多了起来，有各种馅料的各种颜色的饺子。几分钟后，所有的饺子馅料都包完了。罗罗对笑笑说："饺子包完了，我们去卖饺子吧！"笑笑说："还是生的呢，怎么给别人吃呀？"罗罗说："假装已经煮好了不就行了！"商量好后，两人一起出发了。罗罗抢先端着盘子主动走到老师跟前推销起来："老师，你吃饺子吗？这是我们自己包的饺子，可好吃了！"

老师问道："嗯，一看就很好吃，是什么味道的？"

笑笑说："有芹菜馅、韭菜馅、白菜馅……"

还没等笑笑说完，罗罗就抢着说："还有萝卜馅、包菜馅……"

老师挑选了一个用金黄色饺子皮包得很整齐的饺子拿在手上说："就这个吧！多少钱？"

笑笑说："五块钱。"

老师赶紧把饺子放下说："哦，太贵了，我不要了！"

罗罗马上说道："不对不对，是一块钱。老师，这饺子可好吃了，也不贵！"

于是，老师再一次把饺子拿起来，假装把饺子放在嘴边。罗罗马上告诉老师："老师，你假装吃就可以，这是用太空泥包的，可不能真吃！"老师点点头，满意地"吃"了起来。

这时，一直站在旁边的笑笑对罗罗说："罗罗，这是我先包的饺子，让我卖一会儿吧！"罗罗用身体挡了笑笑一下，并将盘子护在自己身后。笑笑想伸手去拿，罗罗又往后藏一藏，就这样，来回争执了几下。笑笑很委屈地看着老师说："老师，这是我包的饺子，罗罗不给我了！"老师看看罗罗，只见罗罗把头扭向另一边，不辩解也不妥协，游戏陷入了僵局。

老师看着他们两个问道："我知道你们两个都很想去卖饺子，可盘子只有一个，你们有什么好办法解决这个问题吗？"

笑笑站着不停地扯衣服。罗罗想了想，说："笑笑，我们一人卖一会儿吧！"

笑笑说："好吧！"

罗罗接着说道："要不你先卖，一会儿再让我卖，行吗？"

听到罗罗的提议，笑笑很开心地答应了。罗罗终于把装着饺子的盘子给了笑笑。

游戏二：忙碌的"东北饺子馆"。

新的一天开始了，"东北饺子馆"又热闹了起来。很多小朋友来到饺子馆坐下来，点饺子吃，不一会儿工夫，吃饺子的客人就多了起来。一桌客人坐下来了，服务员曼曼就连忙拿起盘子，里面装满了饺子，给客人端上桌；泽泽就忙着给客人拿餐具。就这样招待了几位客人之后，饺子卖光了。曼曼跑来向老师求助："老师，饺子没有了！"老师随手端起一盒小积木说："这不是还有嘛！"泽泽和曼曼接过来相视一笑，就用这些"饺子"去接待客人了。过了一会儿，曼曼又说："又没有饺子了！"泽泽听到后，看了看刚才放积木的盒子，说："嗯，真是没有饺子了！"接着他想起了什么似的，回过头对曼曼说："有了！我去拿饺子！"只见他跑向玩具架，又端了一盒积木回来，边跑边兴奋地说："饺子回来了！饺子回来了！"于是，曼曼又开始把饺子装在盘子里，给客人端上桌，泽泽则继续给没有餐具的客人分餐具。分到最后，餐具也没有了，泽泽对没有餐具的两位客人说："餐具没有了，你们用手拿着吃吧！"客人明明说："啊？用手拿着吃有细菌呀！"另一位客人俊俊则伸出两个指头说："这样吃！"只见他把手指当成筷子，夹起一块积木"啊呜啊呜"吃了起来，这时候所有人都咯咯地笑了。

游戏三：饺子馆里饮品多多。

新的一天开始了，"东北饺子馆"也开张了，今天餐厅里增加了提供饮料的服务。服务员瑞瑞很热情地走到刚坐下的两位客人婷婷和莹莹面前，礼貌地问："你们要喝什么饮料？菠菜味的吗？"莹莹连忙说："不，要草莓味的！"婷婷指指莹莹说："要四杯，你一杯，我一杯，我们的两个宝宝一人一杯！"瑞瑞看了看她们怀里的宝宝，高兴地说："好的！"然后就向着放积木的盒子走去，他停顿了一下，又返回婷婷跟前说："不好意思，请问你们要几个草莓味的？"婷婷说："四个！"只见瑞瑞一手拿着杯子，一手伸向装长方形积木的盒子里抓取红色的长方形积木，嘴里还大声数着："1，2，3，4！"之后，他再换一杯继续装、继续数。当两杯饮料都装好后，瑞瑞看着左手杯子里的积木，头不停地点数"1，2，3，4"，然后又看向右手的杯子，头又点数了四下，这才将两个杯子端上了桌，看向婷婷说："这是你们的草莓味饮料！"婷婷看看说："还有两杯呢？""马上就来！"接着瑞瑞又迅速拿起两个空杯向积木盒跑去，不过这次他没有抓积木，原来他发现积木盒里只有原木色的积木块了。于是，瑞瑞返回婷婷跟前，询问："不好意思，没有草莓味饮料了！喝点菠菜味饮料好吗？"

婷婷说："那好吧！"瑞瑞连忙从餐桌上的餐盘里捡了几片薄荷叶子，放到了杯子里，拿到婷婷跟前说："好了！请慢用！"

3.1.2 室外活动区：滚筒对抗赛

天气比较炎热，户外的休闲活动区突然多了两个圆柱形铁桶，一个是蓝色的，另一个是红色的，小朋友们没事就跑过去摸一摸，滚一滚，踢一踢。

游戏四：滚筒对抗赛。

中班强强特意带上了一顶迷彩遮阳帽。他在简单的热身活动后，与同班的几个小男生合力推着红色铁桶往大门口方向滚动着玩。与此同时，然然等几个小朋友滚动着蓝色铁桶也向大门口方向行进。强强说："那我们就来玩打仗游戏吧！"结果，"红军"和"蓝军"两支队伍碰在一起，开始了两军对垒。强强一低头，帽子掉进了两个桶之间卡住了。强强着急地大声哭喊起来："我的帽子！我的帽子！"两组小伙伴面面相觑。强强看向毛毛说："我的帽子！"同样带着遮阳帽的毛毛让大家不要动，然后弯腰蹲下从两桶缝隙中查看帽子被夹的位置。之后，大家听从他"都往后退"的指挥，把强强的帽子取了出来。

两支队伍继续对垒，互不相让。强强带上帽子后加入了原来的队伍，又有几个小朋友陆续参与了进来。随着双方用力的不同，铁桶一会儿滚向这边，一会儿滚向那边。不一会儿，"红军"以压倒性优势步步推进，"蓝军"则节节败退。随后，佳佳骑着羊角球路过，她看了一会儿，笑眯眯地说："这个比赛不公平，推蓝桶的都是女孩，推红桶的都是男孩。"两队小朋友立刻停止滚桶，开始讨论起这个问题来。

边边问："佳佳为什么说比赛不公平？"毛毛回答："因为女孩子力气小，男孩子力气大，所以一起比赛很吃亏。"强强说："那就女孩子别比了，我们男孩子比！"结果马上就出现了反对的声音，小彩说："为什么不让女孩子比啊，我们想比！"瑞瑞看向毛毛："那怎么办？"毛毛问小彩她们："我们先比，你们再比，行吗？"小彩等几个女孩子点头表示同意。就这样，协商的初步结果是重新分人，重新开始；女孩子先休息，男孩子先比赛，两队人数要一样多。瑞瑞忽然想起了什么，说："人家比赛都有裁判，我们没有！"几个小朋友面面相觑："谁当裁判啊？"强强大声叫："毛毛当裁判！"毛毛说："我当裁判，我给大家加油！"几个小伙伴表示同意。于是，正式的"红军蓝军对垒"比赛开始了。

两军对垒引起了周围小伙伴的关注和认可，大家或当观众或扮演拉拉队员，一起参与进来。当"蓝军"把"红军"推到墙边的时候，毛毛说："好了，蓝军胜利！""红军"和"蓝军"的队员拥抱在一起共同庆祝，丝毫没有因为比赛的落败而气馁或伤心。

游戏五：山坡上的运输工。

又到了中班户外自主游戏时间。强强、边边和其他几个小男孩正在几块绿色的大垫子上推着铁桶跑来跑去，滚来滚去。老师走到他们身边，问道："你们在玩什么呀？"边边回答："老师，我们在山坡上运输木材。老师，山坡太好玩了！"原来这几块垫子正好被放在了台阶上，形成了一个斜坡，结果被聪明的小朋友们发现了，小朋友们再一次分成了"红军"和"蓝军"两队，分别推着铁桶在斜坡上滚来滚去，借机玩起了"运木材"游戏。他们把要运输的木材放在山坡下面，大声喊："预备，开始！"两个队同时从山坡下起步，齐心协力推着木材从山坡下滚上去，看哪个队首先把木材运到山顶。虽然游戏道具是看似不起眼的垫子和滚筒，小朋友们却玩得不亦乐乎。

就这样大约玩了十几分钟，老师再一次走到他们身边提醒道："能不能想想办法，让你们的山坡变得更高！"东东突然停了下来，思考了一下说："没问题！"说完，就找另外两个小朋友一起把垫子抬到了窗台边。可是窗台又高又窄，垫子一放上去就会滑下来，几个小朋友尝试了几次都没成功。他们觉得这个办法不行，就四周环顾，突然，赫赫看到了一张绿色的桌子，说道："我们把垫子架到那个桌子上面吧！"于是，几个小朋友把垫子齐心协力搬到桌子上，这样更高的山坡出现了，小朋友们推滚筒上桌子需要更大的力气了。

3.1.3　室内活动区：超市里面趣事多

游戏六：争当"收银员"。

大班的室内超市游戏区内，洋洋和硕硕一起准备开始玩超市游戏，还没开始，他们就在角色分配上发生了争执，洋洋想当收银员，硕硕也想当收银员。硕硕说："我会认钱，我来当收银员！"洋洋大声地说："我也认识钱，我是女的，应该我当收银员！不让我做收银员，我就不和你玩了。"硕硕一听不和他玩了，急得眼泪都快流出来了。

老师走过来问："洋洋，硕硕，你们都要做收银员，就没有顾客了，你们怎么玩啊？""老师，那你说怎么办？""我也不知道，你们两个都是收银员，那就没有办法玩了呀！"洋洋想了想，对硕硕说："那要不我当顾客，你当收银员吧。"硕硕很愉快地同意了，说："好的，一会儿你再来当收银员！"就这样，超市游戏开始了。

游戏七：石头剪刀布

大班室内游戏区的活动又开始了，超市活动区的工作人员很快就陆续到位，并迎来了一批批顾客。老师发现超市货架旁边只有萱萱一个人忙里忙外，另外两个幼儿——茜茜和然然都站在柜台里面，似乎在争论些什么。这是怎么回事呢？于是老师走进柜台，想一探究竟。只见茜茜正在委屈地抽泣，一边抽泣一边与然然协商着。

茜茜说："你快出去迎接顾客，我在里面做收银员！"

然然说："你出去做服务员，我要在里面！"

茜茜说："你出去嘛！"

然然说："应该你出去，我先进来的！"

然然又说："要不这样吧，我们玩'石头剪刀布'来决定。"

茜茜说："好吧！"

游戏八：结账排排队。

大班室内游戏的时间到了，五名幼儿争先恐后地争抢超市收银员的角色，有的搬着椅子往里挤，有的直接冲进去，互不相让。泽泽在后面怎么也挤不进去，便哭了起来，他边哭边寻找老师的身影，找到老师后却发现老师站在原地没有什么反应，便哭着主动走上前说："老师，我想进去当收银员，他们不让我进。"老师轻轻地拍着他的肩膀说："泽泽是个遇到困难会动脑筋想办法的孩子，我相信你会有办法的。"泽泽擦擦眼泪点点头，朝超市走去。

此时，琪琪和彤彤已经进入柜台开始工作，其他争抢的小朋友也已经作为小顾客在选购食物了。泽泽站在一旁看了一会儿，擦干眼泪哽咽着自言自语道："今天我就先当顾客吧！下次让我来当收银员。"服务员琪琪听到泽泽的话，笑眯眯地回应道："行，下次你来当收银员。现在，你想买什么？"泽泽说："买茄子吧，我爱吃！"说完他挑了两个茄子来到收银台，开始准备结账了。

这时，超市里又一次传来了争吵的声音："我先来的，先给我结账吧，我很早就来这里买东西了。""我先来的！是我先来到结账的地方的！""你让让，我的饮料还没拿出来。""我家的宝宝要吃面包，都哭了，让我先买！"互不相让的镜头又一次出现了。幼儿们不时回头看看老师，老师还是没有作声。虽然两位收银员忙得不可开交，但还是有顾客一直在催促。收银员彤彤手忙脚乱地给顾客取东西，可收银员琪琪却停下了手里的工作对顾客们说："都别吵了，再这样，不卖了，排好队才开始卖。"听她这么一说，彤彤也放下了手里的工作坐了下来，顾客们见状纷纷说："我站在这一旁先看看。""排队买。"……见到顾客们开始排队，收银员们又开始了正常的工作。

3.2 幼儿象征性游戏评价资料的扎根编码处理

研究运用扎根理论的原理对幼儿象征性游戏的描述性记录资料进行分析和整理。遵循扎根理论所要求的操作程序和基本原则，从实际获得的资料出发，逐步总结，提炼出具有一定抽象程度的解释概念和理论，保证解释既具有一定的抽象性，又扎根于实际的资料中。扎根理论特别适合幼儿游戏评价这一研究范畴。扎根理论从现象中发现事物的规律和理论，实现对现象本身完整透彻的解释，这是扎根理论有别于其他研究方法的优势所在。运用扎根的研究方法，旨在探索基于 CIPP 的幼儿象征性游戏评价中的主要作用力，实现研究的持续性和灵活性，以及适合扎根理论研究，并抽象出其理论框架，构建一个系统性和解释性的幼儿象征性游戏评价的扎根理论模型。

3.2.1 扎根理论简介

扎根理论是格拉斯（Barney Glaser）和斯特劳斯（Anselm Strauss）合作的成果，其开创性著作《扎根理论的发现》（*The Discorery of Grounded Theory*，1967），是社会科学历史关键时刻"质的革命"。作为定性研究和定量研究结合的重要方法和主要的定性的研究方法之一，扎根理论方法来自格拉斯和斯特劳斯两位作者背景的融合：格拉斯曾在哥伦比亚大学师从拉扎尔费德进行定性和定量的数学研究，在巴黎大学进行解释文本的研究，以及在默顿门下进行理论构建的研究；斯特劳斯则在芝加哥大学布鲁默门下从事符号互动论的研究，因此扎根理论的基础是后实证主义运动和符号互动主义。① 二人在 20 世纪 60 年代反驳了

① Charmaz K. Grounded theory : objectivist and constructivist methods[M]//Denzin N K, Lincoln Y S. Handbook of qualitative research : 2nd. CA : Sage Publications, Inc., 2000 : 509-535.

当时认为含有定量方法的系统的社会调查才是科学的主流观点。扎根理论重新构建了定性研究结构并使之获得尊重，因为它充分运用了具有高可信度的数学定量方法和定性方法的思维逻辑。作为《扎根理论的发现》的主要作者，格拉斯在1978年到2002年的多个著作中继续阐述了这种方法。

由此，有两个基本观点成为扎根理论的重要原则。第一项原则是关注改变。由于社会现象不是静止的，而是不断改变着的，行动者需要不断回应变化的环境。因此，扎根理论方法的一个重要内容是通过强调过程把改变的概念融入方法中。第二项原则是有关"决定论"的观点，扎根理论既反对决定论，又反对非决定论，认为人具有主观能动性，具有选择权和决定权。扎根理论不仅揭示相关的环境条件，同时考察行动者怎样回应变化着的环境以及产生的影响。扎根理论的研究就是探索行动者与社会处境之间的交互影响。

3.2.2 对幼儿象征性游戏研究的扎根理论运用过程

扎根理论运用过程包括七个非线性步骤：收集和分析资料；从资料中直接建构分析的编码和概念；在资料分析的各个阶段都使用比较的方法；在每一步的资料收集和分析过程中提升理论的解释；运用记录的方式明确概念的内涵以及概念与概念之间的关系；为了理论的建构而抽样；生成尽可能多、尽可能饱和的备忘录，直到核心的问题和过程出现，然后核心流程构成更有选择性的理论抽样基础，编码和记录成为分析的核心重点。这些步骤始于数据收集，同时反复比较，以编写实质性的或正式的理论结尾。因此，扎根理论的运用是一个动态过程，在决定和采取抽样后，持续不断地分析所收集到的数据。

扎根理论运用的过程正如格拉斯（1978）所述：这些工作一步完成了。分析者不断翻篇回转更多的数据和编码，重点转向更多的备忘录和资料。当备忘录的饱和开始出现，这些阶段之间的关联开始显现，分析者返回早期阶段的收益递减，就不必再继续反复。备忘录按理论框架和分析规则排序。排序结束时它本身产生更多的备忘录序列，分析者开始撰写资料，这可能导致更多的分类。分析者开始修改第一个草案，通过编辑和进一步整合发挥他的创造力。[①] 理论抽样开始时类别可能需要更

---

① Glaser B G. Advances in the methodology of grounded theory : theoretical sensitivity [M]. Mill Vally. C A : Sociology Press，1978 : 16.

基于 CIPP 的幼儿象征性游戏评价研究

加细化，或需要扩展到更深入的领域。通过不断的编码和比较，核心变量将变得清晰。

　　幼儿象征性游戏评价研究的数据收集始于对游戏的观察记录，并对记录不断进行整理完善，最终以游戏的发生发展和结束的形式呈现出来。按照扎根理论的要求，观察以非参与式和非正式方式进行。因为象征性游戏中的幼儿角色、过去的经验等不同，游戏中的幼儿比其他人更多地感知特定信息。这种类型的采样在定量意义上是不具有代表性的，但在定性研究上，每个属于象征性游戏的信息相关者被认为是组的代表，目的是描述游戏、促进了解并获得游戏意义。

　　对收集到的资料按照扎根理论的操作程序进行三个阶段的处理：开放性编码、纵向性编码、选择性编码。开放性编码工作始于对室内活动区"东北饺子馆"的观察记录编码，继而又对户外活动区的"滚筒对抗赛"游戏展开观察记录和编码工作，完成了"东北饺子馆"和"滚筒对抗赛"游戏的编码后，又选择了室内活动区"超市里面趣事多"游戏进行编码。在整个开放性编码的阶段进行观察评估，记录幼儿行为和教师指导过程，完善游戏效果评估、教学反思与总结，对其他资料进行编码，保持开放的原则，尽可能多地呈现潜在的概念。在游戏环境、幼儿的游戏行为、教师的支持与指导、幼儿的学习与发展等方面均出现了许许多多的概念。待完成了八场幼儿象征性游戏的编码后，没有新的概念出现，出现了饱和，即完成了第一阶段开发性编码。

　　完成了开放性编码之后，接着就开始纵向性编码。运用编码模式所要求的条件、现象、介入、行动、结果等组成的基本视角，即幼儿象征性游戏的环境—教师的支持与指导—幼儿行为—幼儿学习与发展的视角，对开放性编码所获得的概念进行重新排列，按照扎根理论的饱和要求，尽可能充分地验证各个概念之间的关系，整合得出各个视角中的分指标和子指标概念。

　　编码的第三个阶段是选择性编码。首先选择主线。研究共包含三个游戏区的八个幼儿象征性游戏，同一个游戏区内的每个游戏之间都存在关联，即第二个游戏是第一个游戏的延伸，第三个游戏是第一、第二个游戏的延伸。幼儿象征性游戏评价研究的主线如下：幼儿利用已有的游戏材料，在教师的支持与指导下，自主开展象征性游戏活动。以主线为中心，把不同概念连接起来，同时做到尽可能充分地验证围绕着主线所呈现的各个概念之间的关联。研究将观察资料扎根分析编码后生成了可以量化的幼儿象征性游戏环境记录表，如表 3.1 所示；教师行为观察记录表如表 3.2 所示；象征性游戏中幼儿行为观察记录表如表 3.3 所示；象征性游戏中幼儿学习与发展观察记录表如表 3.4 所示。

表3.1　幼儿象征性游戏环境观察记录

幼儿园：　　；观察日期：　年　月　日；观察时间：　点　分 到　点　分

时　间	环境特征编码	环境特征描述	环境特征的程度					
			没有 1	有但无作用 2	差 3	一般 4	较好 5	都有且极好发挥作用 6

表3.2　教师行为观察记录

幼儿园：　　；观察日期：　年　月　日；观察时间：　点　分 到　点　分

时　间	行为编码	教师行为描述	教师参与象征性游戏活动的程度				
			不参与 1	观察与监督 2	短暂介入 3	大段指导与讲授 4	完全参与 5

表3.3　象征性游戏中幼儿行为活动观察记录

幼儿园：　　；样本幼儿姓名：　　；观察日期：　年　月　日；

观察时间：　点　分 到　点　分

时　间	活动编码	活动内容描述	操作实践程度						直接交往幼儿数
			听／看 1	只说，无行动 2	实践				
					模仿做 3	一般操作 4	观察 5	探索性实践 6	

表3.4　幼儿学习与发展观察记录

幼儿园：　　；游戏名称：　　　　；

观察日期：　年　月　日；　　观察时间：　点　分 到　点　分

时　间	效果编码	幼儿发展性描述	幼儿学习与发展的程度				
			不体现 1	短暂体现 2	不知道 3	大范围体现 4	完全体现 5

至此，研究对示范园三个区角的八场幼儿象征性游戏开展观察记录、数据统计与分析工作。

3.3　幼儿象征性游戏评价的样本数据

下面将分别介绍幼儿象征性游戏样本基本情况和环境评价、教师支持与指导、幼儿行为、幼儿学习与发展评价的样本数据。

3.3.1　幼儿象征性游戏样本基本情况

为贯彻落实省人民政府《关于进一步推进学前教育改革与发展的意见》（鄂政发〔2011〕27 号）和省人民政府办公厅《关于印发湖北省第二期学前教育三年行动计划（2015—2017 年）的通知》（鄂政办函〔2015〕63 号）有关工作要求，湖北省人民政府教育督导室、湖北省教育厅在各地逐级自评申报的基础上，组织专家组对 2016 年新申报省级示范的幼儿园进行了实地考核，对现有 128 所省级示范幼儿园进行了复评，并于2017 年 2 月在省教育厅官网发布了"关于 2016 年度全省省级示范幼儿园考核情况的通报"的公告。研究选取了其中六所示范园，开展幼儿园半日活动观察工作，每个幼儿园连续观察三天，每天观察半日，对观察到的象征性游戏进行记录，并选择三个典型案例和其中的八个游戏情景进行统计分析，案例样本基本情如表 3.5 所示。

表3.5　幼儿象征性游戏样本基本情况

象征性游戏名称	幼儿班级	活动背景	参加幼儿人数
一起包饺子	小班	室内区角游戏区	2
忙碌的"东北饺子馆"	小班	室内区角游戏区	6
饺子馆里饮品多多	小班	室内区角游戏区	6
滚筒对抗赛	中班	户外活动区	10
山坡上的运输工	中班	户外活动区	10
争当"收银员"	大班	室内区角游戏区	2
石头剪刀布	大班	室内区角游戏区	2
结账排排队	大班	室内区角游戏区	10

研究选取的象征性游戏均为幼儿园中典型的常见的游戏主题；样本中的幼儿涉及幼儿园的小班、中班和大班幼儿，涵盖幼儿的不同年龄阶段；游戏样本的背景包括室内、户外游戏背景，考虑了幼儿游戏的不同背景；参加游戏的幼儿人数有多有少，覆盖了象征性游戏的各种规模。

3.3.2 幼儿象征性游戏环境评价样本数据

幼儿象征性游戏环境由户外象征性游戏环境和室内象征性游戏环境以及象征性游戏材料构成。象征性游戏的开展并不局限于特定的游戏区，它可能发生在社会游戏区或表演游戏区，也可能发生在其他游戏区，角色游戏和表演游戏是幼儿喜欢的游戏。象征性游戏通常涉及角色扮演，因此可以让幼儿利用不同区域开展象征性游戏。一般来说，室内象征性游戏环境以象征性游戏区设置为核心，与室内其他空间及户外场地进行协调、配合，从而创设出和谐、优化的整体象征性游戏环境。与室内环境相比，户外象征性环境充满了刺激与诱惑，具有自然性、挑战性、趣味性的特点。[①]

游戏材料是幼儿用来玩的玩具和材料的总称，包括玩具、替代材料和辅助材料等。象征性游戏的环境特征主要体现在游戏材料的特征上。象征性材料是象征性游戏的前提和物质支柱，可以丰富游戏情节，提高游戏水平，促进幼儿身心发展，并对游戏性质、内容等产生影响。[②] 幼儿的年龄特点决定了其活泼爱动的特点，但是因幼儿器官的稚嫩、动作发育的不完善、身体抵抗力较弱和危险意识的欠缺，容易导致各种疾病和意外事故的发生，从而使幼儿受到伤害。因此，游戏材料的投放应充分考虑到幼儿的安全和卫生问题，尽可能把幼儿游戏过程中可能受到的伤害降到最低。[③] 幼儿象征性游戏环境评价数据如表3.6所示。

① 刘晓红.学前儿童游戏[M].郑州：郑州大学出版社，2012：35-62.

② 约翰逊.游戏与儿童早期发展：第2版[M].华爱华，郭力平，译.上海：华东师范大学出版社，2006：320.

③ 潘月娟，刘焱，杨晓丽.幼儿园玩教具配备规范的内容与实效分析——以积木配备为例[J].学前教育研究，2016（7）：13-21.

表3.6　幼儿象征性游戏环境评价数据

子指标	象征性游戏名称							
	一起包饺子	忙碌的"东北饺子馆"	饺子馆里饮品多多	滚筒对抗赛	山坡上的运输工	争当"收银员"	石头剪刀布	结账排排队
可供幼儿开展象征性游戏的设备和材料	4	5	4	3	4	5	5	5
有废弃的但有游戏价值的材料	1	2	2	6	6	4	3	3
定期更新游戏材料	5	5	6	5	6	5	5	5
设备尺寸适合幼儿年龄	6	5	6	3	3	5	5	5
安全设施维护良好	5	6	5	6	5	6	6	6
鼓励幼儿游戏	4	5	4	6	5	5	4	5
刺激幼儿感官	4	5	4	6	6	5	4	5
支持幼儿间交往	3	4	3	5	6	5	6	5

象征性游戏材料虽然在用途上各不相同，对幼儿发展的具体作用也不同，但都在某种程度上促进了幼儿某一方面的学习与发展，如身体、认知或情感的发展。[①] 一物多用且富于变化的游戏材料，往往会使幼儿游戏时间更加持久，进而促进幼儿动手、动脑和手脑的协调，多方面地启发幼儿的想象力，发展幼儿的创造性，使幼儿在游戏中得到自然的发展。许多象征性游戏材料，如皮球、积木、黏土、洋娃娃、纸张，虽然都是普通游戏材料，构成简单，价格也较便宜，但往往灵活多变，可一物多用，具有启发性和创造性。

不同年龄阶段的幼儿由于其生理和心理发展水平的不同，对游戏材料的需求也不同。3～4岁正是形象思维能力形成和发展的重要阶段，这一阶段的幼儿偏爱具体的形象的游戏材料，如娃娃玩具、医疗玩具、动物玩具、餐具和茶具以及能活动的、能拆拼的游戏材料，幼儿的思维和想象力、独立性和运动能力都能在这一阶段得到进一步的发展。

5～6岁的幼儿抽象思维能力开始发展，运动机能也更加成熟。这一阶段的幼儿偏爱复杂一些、活动性强的各种大小玩具，特别是智力活动成分较多的结构玩具、智力玩具、电动玩具，如各种拼合玩具、装配玩具、滚动玩具、废弃材料。幼儿思维能力、精细动作、动手动脑的能力

---

① 丁海东. 学前游戏论 [M]. 济南：山东人民出版社，2001：144-147.

和探索创造的意识在这一阶段进一步发展。[①]

3.3.3 幼儿象征性游戏教师指导行为评价样本数据

象征性游戏是教师了解幼儿的一个重要窗口。在游戏中，教师可以通过观察幼儿的行为表现和自然地与幼儿交往而获得关于幼儿发展的大量一手资料，教师要对这些资料及时进行相应记录和调整。[②] 幼儿象征性游戏中教师指导行为评价的数据如表 3.7 所示。

表3.7　幼儿象征性游戏教师指导行为评价数据

子指标	象征性游戏名称							
	一起包饺子	忙碌的"东北饺子馆"	饺子馆里饮品多多	滚筒对抗赛	山坡上的运输工	争当"收银员"	石头剪刀布	结账排排队
鼓励幼儿再次或继续活动	5	4	3	3	4	3	2	2
帮助 / 解释 / 建议	5	4	3	2	4	4	3	2
听幼儿有关帮助或困难的陈述	5	4	3	3	4	5	4	3
引导 / 要求实践	5	3	3	1	3	4	3	3
提供活动选择	1	4	3	2	4	1	2	1
对活动结果的一般性表扬	2	3	2	4	3	4	3	3
对活动结果的一般性否定	4	3	2	1	2	4	3	3
听与活动评价有关的话语	3	4	4	3	3	5	4	5
伴随记录行为的观察	4	5	3	3	4	5	4	4
作伴式监督	5	4	4	3	4	3	2	2
一般性巡视	1	4	2	3	4	4	2	2
友好情感表达	5	4	5	3	4	2	3	2
安慰与保护	5	4	3	3	4	4	3	3
否定性情感表达	5	4	3	3	2	4	3	3

① 华爱华．幼儿游戏理论 [M]．上海：上海教育出版社，2003：135–140.
② 董旭花．幼儿园游戏：第 2 版 [M]．北京：科学出版社，2016：128.

基于 CIPP 的幼儿象征性游戏评价研究

社会建构主义理论的学者们强调象征性游戏的本质是社会性的，重视教师等成人的指导与干预。游戏中幼儿通过扮演角色，运用想象能力，创造性地反映日常生活的所见所闻。象征性游戏过程是游戏者社会性的相互作用过程，对于幼儿行为的养成具有独特的教育价值，而这种价值的实现离不开教师的有效指导。《幼儿园教育指导纲要》指出："教师是指导者，又是游戏伙伴，更重要的是教师是一个观察者。"苏霍姆林斯基曾经指出教师对幼儿的认识是由观察构成的，然后才能把观察结果转变为对幼儿施加影响的方式或方法。在象征性游戏过程中，幼儿会出现或多或少、或大或小的问题，教师需要充分观察幼儿的游戏现状，根据幼儿的年龄特点和个性特点，尊重幼儿自主性和主动性，给予幼儿较多的游戏主动权，使其自由选择游戏主题、游戏材料、游戏伙伴，以充分发展幼儿的自主性和创造性，有针对性地指导幼儿深入、自主地开展象征性游戏，同时还应注意观察幼儿的游戏主题、游戏情节、选取的游戏材料、游戏行为等，了解幼儿游戏水平、社会性水平的发展。教师在观察的基础上，还可以参与幼儿的游戏，给予幼儿适时、适当的指导。教师可以通过扮演游戏角色参与游戏。教师在指导幼儿游戏时，还需要尊重幼儿的个体差异，通过多种形式，因人而异地实施指导。

幼儿喜欢玩象征性游戏主要是因为在游戏中可以扮演自己感兴趣的各种社会角色。幼儿虽然非常关注自己扮演什么角色，但由于自身发展水平所限，往往过多考虑个人愿望而不善于分配角色，有时也会因为大家都想扮演同一个角色或都不想扮演某个角色而发生争执，从而引发角色分配冲突。为了保证游戏的顺利开展，教师可以和幼儿一起讨论交流角色分配的方法，如自己报名、推选、轮流。这不仅可以提高幼儿的游戏能力，也有助于幼儿解决问题能力的提高和个性的健康发展。

在一起包饺子情景中，教师正是在观察到幼儿的兴趣的基础上，通过组织幼儿共同交流、协商，在班里开了一间"东北饺子馆"。这个案例中，教师尊重幼儿的主体性，尊重幼儿对象征性游戏的兴趣和需要，使象征性游戏成为幼儿表现和表达自己对现实生活（包括自己的生活和周围的社会生活）的认识、理解、体验和感受的重要手段。通过"东北饺子馆"游戏，幼儿表达着自己对于饺子的想法、兴趣、需要、困惑、理解、愿望和期望。教师理解了幼儿和自己在象征性游戏之间的关系，尊重幼儿游戏的意愿和兴趣，不把自己的兴趣和计划强加给幼儿。当幼儿想玩的游戏不同于教师的"计划"或想法时，教师应当尊重幼儿的需要和想法。

在"一起包饺子"情景三中，笑笑向老师求助后，老师选择了适当介入。看得出，老师提出的问题引发了两个幼儿的思考。笑笑开始扯衣服，虽然他已经向老师求助了，但是对于能够顺利解决问题心里没底，比较焦虑；原本比较强势的小罗显出了他思维的灵活性，开始主动出主意解决问题，而且把游戏的机会首先让给了笑笑。小班的幼儿有较多的"自我中心"特点，较少考虑别人的感受，只要教师引导得当，幼儿们完全能够学会友好相处的交往技巧，并在游戏过程中学会协商、交换、轮流等交往技能。幼儿在游戏中自然获得的这些经验，将会对他们今后的交往行为产生正面的影响。教师通过提问的方式引发幼儿思考和讨论，并重新分配了游戏中的角色，解决了角色冲突问题。幼儿在游戏过程中难免会遇到一些问题如意见不统一，有些问题幼儿可以自行协商解决，有些问题单靠幼儿自身的能力则难以解决，这时就需要教师及时介入，给予引导。

"争当'收银员'"游戏中，教师看到两位小朋友出现了角色冲突的情形后并没有急于介入，而是站在一旁观察。而教师的反应进一步促成幼儿自己尝试用语言与对方沟通，并最终用猜拳的方法解决了问题。教师在结束时组织幼儿对游戏中产生的问题进行讨论，讨论本身对游戏情节的发展具有重要意义，讨论的过程既是经验分享的过程，也是引导幼儿发现问题、解决问题的过程。

象征性游戏活动中，幼儿的游戏水平具有年龄差异性，每个年龄段的幼儿都有自己的社会生活经验，在游戏中也有不同的行为和语言，即使是同一年龄幼儿的游戏水平仍有高低之分。这种高低，一方面有先天智慧差异的原因，另一方面与游戏技能的练习和指导是分不开的。事实上，在混龄或同龄伙伴的游戏中，与年长者或发展水平高、技能强者一起游戏的幼儿的游戏水平提高快，因为这种指导本身构成了游戏的要素，即指导者本身就是游戏者。教师有时为了进一步了解幼儿发展情况，可以介入游戏，在参与幼儿的游戏过程中或与幼儿的交谈中细致地了解幼儿，在此基础上确定相应的引导对策。在象征性游戏中，小班幼儿以模仿为主，大班幼儿则以创造为主。教师应针对幼儿的年龄特点和游戏水平，有重点、有针对性地进行指导。

小班幼儿生活经验有限，主要与游戏材料发生作用，与同伴之间的交往少；角色意识不强，游戏主题单一，情节简单，规则意识比较差。鉴于小班幼儿的游戏内容主要是重复操作游戏材料，教师的指导重点在于如何使用游戏材料丰富游戏内容、拓展游戏情节。在"东北饺子馆"游戏一中，教师以游戏者的身份介入游戏，引导幼儿，让幼儿逐渐学会在游戏中进行自我管理；游戏二和游戏三中，教师在幼儿两次遇到问题时都没有干预，而是适当退后，使幼儿发挥同伴的作用，让幼儿在与同伴的互动中获得经验。由此，我们才看到小班幼儿自主解决问题的过程和能力。教师在游戏中有时候应该适当退后一些，鼓励幼儿多与同伴进行交往和互动，逐步获得有关交往、规则、礼貌待人等方面的经验。在案例"山坡上的运输工"游戏情景中，教师的每一次提醒和提问，都不同程度地启发了幼儿的思维，引导幼儿思考并解决问题。幼儿多次想办法搭建高一点的"山坡"，经历了失败，经过观察和协商合作，最终成功搭建。

中班幼儿的认识范围不断扩大，游戏的内容与情节较小班不断丰富；处于联合游戏阶段，游戏主题丰富，但不稳定，幼儿会经常更换；希望与别人交往，但欠缺交往技能，常与同伴发生纠纷；角色意识较强，能够按照自己选定的角色开展游戏。因此，教师应结合幼儿的社会经验，为幼儿提供丰富且富有变化的游戏材料，鼓励幼儿不断丰富游戏主题；仔细观察并认真分析幼儿发生纠纷的原因，以游戏者的身份介入游戏，指导游戏；通过幼儿讨论等形式展开对游戏的评价，提升游戏经验，丰富游戏内容；指导幼儿在游戏中逐渐掌握社会规则和交往技能，使其逐渐学会独立解决问题。在"滚筒对抗赛"游戏中，中班小朋友表现出了勇于探索、永不放弃的精神，还有良好的合作、指挥、解决问题的才能以及不断创新的能力，教师正是根据这一年龄段幼儿的特点，提出了适宜难度的挑战性的"要求"，启发式地鼓励幼儿发挥想象力和创造力，使游戏越来越好玩。

大班幼儿随着对社会生活认知的不断积累，游戏经验十分丰富，且游戏主题新颖，内容丰富，游戏中所反映的人际关系较为复杂；处于合作游戏阶段，喜欢与同伴共同游戏；能按照自己的愿望主动选择游戏主题，并有计划地开展游戏；在游戏中独立解决问题的能力增强。因此，教师应引导大班幼儿一起准备游戏环境，可以侧重语言引导，培养幼儿的自主性；认真观察游戏，给幼儿提供必要的练习机会以及适当引导；允许并鼓励幼儿在游戏中进行创造，培养幼儿创造性；通过多种形式开展游戏，让幼儿在游戏互动中取长补短、拓展思路，提升游戏水平。在案例"争当'收银员'"游戏中，当茜茜和然然都站在柜台里面，都为想做收银员争论不休的时候，老师并没有第一时间介入，而后观察到她们情绪激动得哭起来的时候，仍然没有急于干预，而是继续观察。而大班的两个幼儿遇到问题即使看到老师，也没有急于向老师求助，而是先自己尝试用语言与对方沟通，并想出了用猜拳游戏解决问题的办法，这是令人欣喜的。猜拳的办法比较公平，很快得到了双方的认可。大班的幼儿已经具备了独立思考和独立解决问题的能力，教师可以适当放权，留给幼儿解决问题的时间和空间，进一步培养幼儿的合作、协商等能力。

在象征性游戏的步骤中，教师是游戏后讨论的组织者和发问者，通过讨论和提问来引导幼儿反思、总结游戏，发现需要改进的地方，或提出新的游戏主题。通过讨论和提出问题，丰富幼儿的相关经验。教师还可以对丰富游戏材料和优化游戏环境开展讨论，从而为开展下一步游戏做准备；结束环节产生的新主题又促进了教师和幼儿进一步布置环境。象征性游戏的结束环节并非是一个独立的环节，与游戏过程自然过渡、紧密联系，是下一个游戏的准备和启发，起到承上启下的作用，如图3.1所示。

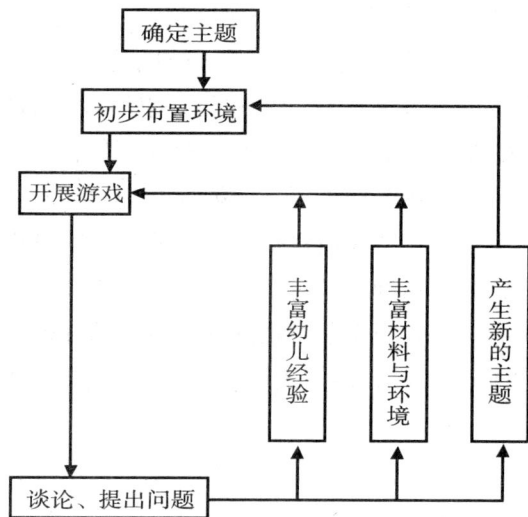

图 3.1　象征性游戏步骤

对幼儿象征性游戏的观察表明，教师在游戏的结束环节的指导主要存在以下特点：

第一，重视对幼儿行为习惯的培养多于生活经验的分享。教师的评价更多地指向"看得见、摸得着"的"有形的"成果。教师在观察幼儿的象征性游戏时，有时候会因为不重视情节发展、不清楚游戏的象征性、不了解游戏过程中的具体表现而对游戏的评价"蜻蜓点水，一掠而过"，讨论大多针对幼儿的行为是否符合纪律要求和材料、场地的整理等行为习惯，而不是指向象征性游戏本身，既缺乏关注幼儿对游戏的需要、兴趣，也缺乏关注幼儿在象征性游戏过程中表现出来的表现生活经验的能力、想象力、创造性等。例如，"晓宏收玩具收得又快又好""辉辉在游戏时大声吵闹，影响了其他的小朋友"等。有的教师甚至在评价时一字不提幼儿的象征性游戏。

教师重视象征性游戏结束时对游戏材料和场地的整理，忽略或者忽视对游戏过程中幼儿社会交往、个性特征和解决问题等方面的讨论，幼儿在象征性游戏中产生的需要和兴趣得不到教师的关注，开展象征性游戏所需要的经验也得不到及时扩展，不能恰当地体现幼儿象征性游戏的"教育性"。这样势必会损失象征性游戏重要的"教育契机"，影响游戏的教育效果和下一次游戏的顺利开展。

教师把关注的重点放在幼儿对游戏"规则"或"纪律要求"的遵守上，增强幼儿遵守共同游戏的规则意识当然是教师在组织幼儿开展游戏中需要关注的一个问题。但是，对幼儿象征性游戏的结束应当以象征性游戏的"特性"为基础，才能充分实现其对于幼儿身心发展的价值。因此，主要根据象征性游戏的特性来结束幼儿的象征性游戏，明确重点关注的问题才是象征性游戏的组织指导和结束环节的关键。象征性游戏以想象和模仿性的象征性扮演为特征。"想象的象征性扮演""想象的以物代物""有关动作与情景的想象""象征性扮演的坚持性""社会性交往""言语交流"等被认为是象征性游戏中的六个"有价值的"关键因素。[1] 教师不仅仅要关注这些因素的"有无"，更应当关注这些因素之间的"关系"。确切地说，应当在幼儿象征性游戏的主题、内容、情节的整体结构中考察这些因素相互之间的关系。换言之，如何促进象征性游戏的主题、内容、情节的发展，应当成为幼儿象征性游戏结束时关注的"重点"。

第二，游戏结束环节的讨论中，教师仍然占据"绝对主导"地位。从教师和幼儿对游戏过程的讨论、分享情况来看，"问答"方式主要是以下两种：①教师提问，个别幼儿作答；②教师提问，幼儿集体作答。在这种互动的"问答"中，教师是"提问者"，幼儿很少有"发问"的机会。作为游戏主体的幼儿本来对于自己的游戏最有发言权，但是在现实中，

① 林德. 在游戏中发展儿童——以游戏为基础的跨学科儿童干预法 [M]. 上海：华东师范大学出版社，2008：155-156.

他们主动发言的机会最少。

尊重和发挥幼儿的主体性，促进幼儿主体性发展是象征性游戏的基本前提和原则。这不但是在游戏指导过程中需要强调的，也是在游戏结束环节的讨论中需要重视的。教师需要理解幼儿和教师在游戏之间的关系，尊重幼儿游戏的意愿和兴趣，不把自己的兴趣、计划强加给幼儿。当幼儿要玩的游戏不同于成人的"计划"或想法时，教师应当尊重幼儿的兴趣和想法，并积极帮助幼儿实现他们的想法和愿望。象征性游戏结束环节，很容易出现"一切由教师说了算"的现象，教师很容易只对符合自己计划的幼儿的提议做出积极反馈，而对其他幼儿的想法置若罔闻。

由于幼儿发展的年龄水平的限制，幼儿游戏的"脚本"往往不是在游戏之前就完全"编写"好或计划得非常周全细致。他们往往是在游戏的过程中展开自己的"脚本"，而且"脚本"具有"非连贯性"的特点。因此，游戏结束时，教师应当给幼儿时间去思考、探索、想象，允许他们按照自己的想法展开对游戏的讨论。即便是对幼儿游戏"脚本"的"改写"，也应当体现对幼儿游戏兴趣和愿望的尊重。教师还应当相信幼儿的能力，给幼儿自主探索和尝试错误的机会。在案例"争当'收银员'"游戏中，幼儿布置超市环境时，出现了胡乱张贴价签的行为，教师并没有当即纠正幼儿的"错误"行为，而是在结束环节的讨论中提出来，让幼儿自己发现问题，从而理解价签的功能和正确位置。

每一个幼儿对于"生活"都有自己独特的体验和愿望。象征性游戏往往是他们表达自己对于社会生活现象的想法和愿望与探索社会角色和相应的社会规范的"底线"的活动。教师应当充分尊重和发挥幼儿作为游戏主体的主体性，使幼儿的主动性、独立性和创造性能够在游戏结束环节中获得充分的表现，满足幼儿游戏的需要和愿望，使幼儿获得游戏性体验。

第三，以问题为中心的讨论方式居多。在象征性游戏的过程中，幼儿往往会不断产生和发现新的"问题"。教师在游戏的结束环节恰当地利用这些问题，有利于进一步丰富幼儿的生活经验，扩展幼儿的游戏内容，为下一次游戏的开展做铺垫。例如，在"争当'收银员'"游戏结束后，出现了有的顾客不交钱就拿走商品、有的售货员看到了也不管的情况。教师在游戏结束后，询问游戏中还有哪些问题要注意。有的幼儿说："买了东西不付钱不对。"但有的幼儿提出："我没有钱，所以没有付钱。"因此，有幼儿就提出可以开一个"银行"让大家到"银行"里去取了钱再来买东西。这个建议得到了大家的一致赞同,于是教师在和幼儿讨论过后,新增了一个"银行"。后来的讨论又出现了新的问题——货物架上拥挤不堪,因此幼儿又动手重新整理和布置了超市。

通过讨论,在每次游戏开始之前和结束之后,教师组织幼儿对游戏中产生的问题进行分析,共同寻找解决问题的办法,对游戏情节的发展具有重要意义。讨论的过程是经验分享的过程,也是引导幼儿发现问题、解决问题的过程。

3.3.4 幼儿象征性游戏幼儿行为评价样本数据

象征性游戏是幼儿非常喜欢的游戏类型之一,这是因为幼儿能在象征性游戏中充分表达自己的意愿,通过角色扮演,拥有大量的与游戏材料互动的机会,积累丰富的同伴交往经验,满足其获得成功、体验成功的愿望。象征性游戏一般需要幼儿有相应的角色背景知识、一定的假想能力、语言能力和人际交往技能。评价幼儿在象征性游戏中的行为,可以了解幼儿的一般社会情境行为和语言,了解幼儿社会性行为和情感,发现幼儿行为特点和情绪情感问题。象征性游戏中幼儿行为评价的数据如表 3.8 所示。

表3.8　幼儿象征性游戏幼儿行为评价数据

子指标	象征性游戏名称							
	一起包饺子	忙碌的"东北饺子馆"	饺子馆里饮品多多	滚筒对抗赛	山坡上的运输工	争当"收银员"	石头剪刀布	结账排排队
大肌肉活动	3	6	6	6	6	3	2	1
手指活动和小型操作	6	6	5	1	3	5	6	1
角色表演	6	3	5	6	6	6	5	6
幼儿对自己经验的叙述性讲述	6	5	6	5	5	6	5	5
品行学习	5	4	5	1	1	1	6	6
社会情感	2	2	2	2	2	6	5	5
为集体服务	3	5	6	6	6	6	6	2
积极情感表达	4	5	6	6	6	2	2	2
消极情感表达	5	3	4	5	5	6	5	6

子指标	象征性游戏名称							
	一起包饺子	忙碌的"东北饺子馆"	饺子馆里饮品多多	滚筒对抗赛	山坡上的运输工	争当"收银员"	石头剪刀布	结账排排队
与样本幼儿直接交往的幼儿数	3	6	6	6	6	3	2	1

通过对象征性游戏中幼儿行为的观察，我们发现幼儿行为有以下几方面的突出特点：

第一，幼儿的情绪、参与游戏的积极性以及同伴交往：幼儿情绪主要表现为幼儿在游戏中的积极情绪和消极情绪。幼儿游戏时表现出的积极情绪较多，说明幼儿对游戏的参与度较高。幼儿参与游戏的积极性主要表现为幼儿是完全投入游戏的情境，还是表现为无所事事、被动消极、束手无策。幼儿在游戏中无所事事的表现，说明游戏的情节或其他方面已不符合当前幼儿发展的需要。幼儿游戏中的同伴交往主要表现为幼儿在游戏时与同伴交往的频率以及交往的程度，在象征性游戏中，幼儿的同伴交往情况往往能显示出幼儿的社会性发展水平。

在"滚筒对抗赛"游戏中，强强在遇到问题的时候第一反应是大声哭叫，说明他的依赖性比较强；而毛毛遇到事情比较沉着冷静，机智沉稳。强强没有向教师或其他人求助，而是选择了毛毛，除了两个人关系比较要好外，还有一份信赖的因素在其中。佳佳发现了比赛的不公平之处，经她提醒，幼儿们马上意识到要有规则——"女孩子别比了，我们男孩子比""女孩子先休息，男孩子先比赛""两队人数要一样多""比赛要有裁判"……不合理的规则被否定，合理的被执行，幼儿对规则的认识以及遵守规则的意识和能力就这样不断得到提升。游戏的最后，"红军"和"蓝军"的队员拥抱在一起共同庆祝，"战败方"丝毫没有因为比赛的落败而气馁或伤心，每一个参与者都露出真挚的笑容。这个时候，比赛的输赢已经不那么重要，重要的是参与的过程，是每一个幼儿全身心投入比赛获得的体验和感悟。

第二，幼儿对游戏材料的操作情况：主要表现为幼儿对游戏材料选择的倾向性或对某种材料操作的熟悉程度，能否进行大胆的假想和替代。在"东北饺子馆"游戏二的过程中，出现了食材缺乏和餐具不够的问题。随着游戏进程的推进，幼儿开始自发地寻找和丰富食材。活动室里的任何物品都可以成为游戏的材料，饺子馆的食物随着幼儿"胃口"的挑剔逐渐丰富起来。餐厅的服务员会有意识地根据客人的需要，创造性地使用游戏材料。

当幼儿沉浸在游戏情境中时，这些突发事件并没有影响他们的情绪，而是幼儿在教师的启发下巧妙地解决了问题，游戏情节也变得更丰富和有趣了。服务员泽泽在游戏中借鉴教师"送馅料"的经验，想到了"买馅料"的游戏情节，解决了食材缺乏的问题，让我们看到了中班幼儿以物代物的能力。他还用灵活的处理方式，解决了餐具不够的问题，展现出较强的应对问题、解决问题的能力。更有意思的是，沉浸在游戏情境中的客人明明，并没有觉得泽泽"用手吃"这个建议不合理，而是智慧地变出一双筷子将游戏有趣地进行了下去。这说明，相同年龄段的幼儿，由于经验和能力相似，在游戏中很容易对彼此的游戏创意产生认同感，因而能够默契地进行游戏。

第三，幼儿对游戏主题内容的把握：主要表现为幼儿游戏时能否丰富游戏情节，拓展不同的游戏内容。在"东北饺子馆"游戏三中，随着时间的推移，幼儿的游戏内容在逐渐丰富，他们主动增加了提供饮料的服务，并创造性地使用游戏材料——把积木当作配制饮料的原料。游戏中，瑞瑞能够根据材料的颜色展开想象，使用红色积木制作草莓味饮料，使用绿色薄荷叶制作菠菜味饮料，很有意思。而两位顾客为自己点饮料的过程，让我们看到了中班幼儿对数的概念的发展现状；服务员瑞瑞在制作饮料时，也利用点数的方法让两杯饮料的数量一致。由此可见，中班幼儿游戏情节的丰富与他们的年龄特点有很大的关系。

第四，幼儿表现生活经验：象征性游戏中幼儿的行为来源于他们的生活经验，是幼儿对自己生活经验的反映与再现。但是这种经验的再现过程，已经不是客观事物的"原封不动"的重演，而是加入了幼儿自己的选择、理解和解释。不同的幼儿在游戏中表现生活经验的能力不同，对生活经验的反馈与再现过程也是对经验的建构与意义的理解过程，体现着幼儿表现生活经验的能力。

从"东北饺子馆"游戏情景中幼儿的表现可以看出，幼儿有包饺子和吃饺子的生活经验，知道饺子的基本构造和吃饺子的方式，并将其很好地迁移到了游戏中。游戏中即使没有现成的游戏材料，幼儿也能创造性地利用已有的材料进行游戏，以物代物的能力已经较强。

第五，幼儿的社会交往能力和问题解决行为：交往能力和解决问题的能力是适应环境和生活的一种基本能力。象征性游戏为幼儿创造了良好的交往环境，游戏中的情景刺激了幼儿产生交往的需要，游戏中的角色扮演更满足了幼儿交往的愿望，还为幼儿提供了发现问题和解决问题的机会，有助于幼儿问题解决能力的形成与发展。象征性游戏过程要求幼儿理解其他幼儿动作和语言的意图和意义，理解游戏规则（社会规则，如排队等待、轮流）对游戏的重要性，协调与分享自己与他人关于游戏的想法和行为。象征性游戏存在着大量以人际交往为基础的特点，蕴含着促进幼儿交往能力的机会与条件。幼儿在游戏中能够获得诸如轮流、等待、分享、合作等交往技能，增强归属感，学习理解他人的想法、观点、情绪情感，发展着自己的交往能力。

在游戏过程中，幼儿不可避免地会发生各种冲突和问题，必须学会努力应对和处理问题。没有努力的游戏不是好的游戏。发现问题和解决问题是象征性游戏的组成部分。游戏的魅力正在于它对幼儿构成的挑战性。通过游戏过程，幼儿既可以学会利用线索与策略动手动脑解决问题，又可以学习克服困难，并在其中锻炼意志。问题的解决，还可以使幼儿发现与体验自己的能力，产生胜任感与成就感，有利于自信心与进取心的培养。如果"服务员"和洋洋不是通过自己的努力，而是由老师来告知怎么解决问题，那可能就体验不到解决问题之后产生的那种轻松愉快的感觉。

3.3.5 幼儿学习与发展评价样本数据

象征性游戏带有社会性的性质特点，即以人际交往为基础的特点，蕴含着促进幼儿社会性发展的机会与条件。在象征性游戏过程中，幼儿能够获得社会性交往技能，学习理解他人的想法、观点、情绪情感，形成和发展同情心和与人相处的能力。象征性游戏作为一种充满情绪情感色彩的幼儿的基本游戏活动，不仅对于以情感联系为纽带的各种良好的人际关系，如亲子关系、同伴关系、师生关系的形成具有积极的建设性作用，而且对于幼儿情绪情感发展的各个方面有重要和独特的作用。游戏可以丰富与深化幼儿的情感。象征性游戏的特点以及发生、发展、结束等决定了其在幼儿发展中的作用效果。象征性游戏的价值主要体现在幼儿的社会性发展的各个方面。幼儿学习与发展评价数据如表3.9所示。

表3.9 幼儿学习与发展评价数据

子指标	象征性游戏名称							
	一起包饺子	忙碌的"东北饺子馆"	饺子馆里饮品多多	滚筒对抗赛	山坡上的运输工	争当"收银员"	石头剪刀布	结账排排队
独立性与自信心	4	5	5	4	4	5	5	4
领导欲	4	2	2	2	2	5	5	5
表达愿望	5	3	3	4	4	5	5	5
同伴交往、交谈	5	5	5	5	5	5	5	5
分享、轮流、合作、协商	5	3	3	2	2	5	5	5
承认错误与道歉	5	1	1	1	1	5	1	1
寻求帮助与帮助同伴	5	2	2	1	2	5	4	4
问好道别	1	5	5	1	1	5	5	5
爱护环境和物品	5	5	5	1	1	4	4	5
收拾物品	5	5	5	3	3	5	5	5
遵守规定	1	5	5	1	1	5	5	5
克服困难	4	4	5	4	5	5	5	5
发脾气、生闷气	4	3	2	1	1	5	4	5
哭闹	4	1	1	1	1	5	1	1

　　象征性游戏可以发展幼儿的成就感，增强其自信心。成就感或胜任感是与自我概念相联系的情绪情感，它是主体对自己力量与能力的认识与体验，是一种正向的积极的情感。成就感或胜任感是游戏性体验的基本构成要素。在象征性游戏中，幼儿享有充分的自由选择、自主决策的权利，可以根据自己的想法与愿望来行动。游戏为幼儿探索自己的能力提供了机会。[①] 例如，幼儿学会了"结账"、用积木搭成了一架"飞机"，都使幼儿体验到成功的快感，体验到自己的能力。在象征性游戏中，幼儿也遭遇过"失败"的考验。例如，在捏糖果和卖糖果游戏中，幼儿没有能够把糖果包裹好，卖糖果时没有零钱找给顾客，等等。但是，这种以合作为基础的象征性游戏要求幼儿学会协调自己与同伴的想法与动作，

① 李东林 . 从马斯洛高峰体验理论探讨儿童游戏 [J]. 四川教育学院学报，2007（S1）：3-4，7.

学会正确对待"输"与"赢",学会在公平竞争的条件下"取胜",对于幼儿的道德感发展和自我概念的成熟具有积极的意义。当幼儿的游戏技能逐渐提高,能够在游戏中"赢"的时候,他们就能够体验到成功的喜悦。

象征性游戏可以发展幼儿的美感。美感是人对事物审美的体验。随着幼儿年龄的增长和知识经验的丰富,原始的美感逐渐社会化,他们对美的评价标准也逐渐提高,不仅能够感受美,而且能够创造美。象征性游戏对幼儿感知美、创造美的特殊审美活动也具有很大的影响。在象征性游戏中,幼儿主动地反映自然和社会生活中美好的事物,结合游戏学习文学、语言以及音乐、美术活动的内容,装饰美化自己的游戏环境和建筑物等,这些都有助于培养幼儿对自然与社会生活艺术的审美能力,发展他们的美感。

象征性游戏还可以发展幼儿的同情心与移情的能力,为幼儿提供了扮演他人角色、站在他人角度上去考虑问题、体验他人的情感与态度的机会。在游戏中,幼儿是以认真的态度、真实的情感表现现实生活,并从中体验角色的情感和态度的。例如,"护士"不仅给"病人"打针、发药,还会主动去关心"病人"、搀扶"病人",叮嘱"病人"记住吃药、好好休息。这些在游戏中获得的情感体验,会潜移默化地使幼儿的同情心得到发展。

象征性游戏具有情绪恢复功能。情绪具有"两极性":愉快的和不愉快的。每个幼儿不仅有积极的、对自己和他人有益的正向情绪,也会有消极的、可能对自己和他人产生不利影响的负面情绪。幼儿的各种情绪,都需要得到合理的表现与发泄。消极的情绪(如焦虑、紧张、愤怒、嫉妒)如果长期受到压抑而得不到缓解与释放,就会影响幼儿的心理健康。象征性游戏为幼儿提供了表现自己的各种情绪的安全途径。从消极情绪的释放与缓解来说,象征性游戏对于幼儿情绪恢复的独特作用在于它可以修复"受损伤的心灵"。幼儿在游戏中体验到了委屈、难过的消极情绪体验,情感投入较多、较深,游戏反映了个人真实的生活情境。例如,在象征性游戏情境中被"妈妈"冤枉又接受了"妈妈"的道歉,情绪得到了很好的恢复。

4

基于 CIPP 的幼儿象征性游戏评价结果与分析

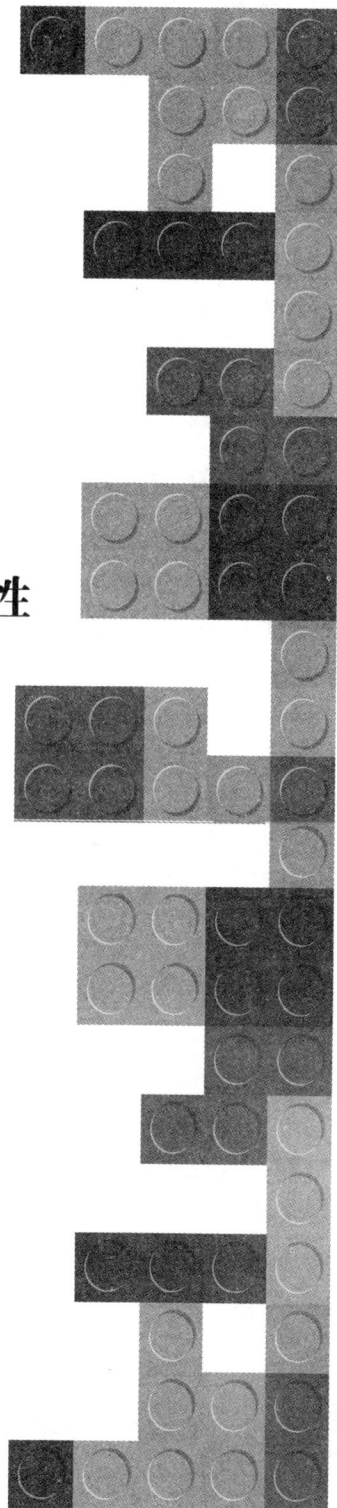

本书选取湖北省示范园的 3 个象征性游戏案例，共 8 个游戏情景作为评价样本，采用因子分析、熵值法分析的方法，对幼儿象征性游戏评价进行了实证研究。因子分析是从变量群中提取共性因子的统计技术，最先由斯尔皮曼（Chales Spearman）在 1904 年提出，它起初应用于学生成绩影响因素方面的研究。伴随着方法的不断改进与适用范围的不断拓宽，因子分析法逐渐演变为一种在诸多存在错综复杂关系的多维随机变量中，探寻潜在影响变量的公因子、估计潜在公因子对可测变量的影响程度、公因子之间关联性的多元统计分析方法。因子分析法的优势在于每一个综合因子的权重赋值是根据自身的方差贡献率大小确定，从而避免了人为主观赋值的随意性，使评价结果更为客观而合理。研究采用因子分析的方法，对基于 CIPP 幼儿象征性游戏 4 个主指标分别进行评价，再采用熵值法分析对幼儿象征性游戏进行综合评价。

4.1 幼儿象征性游戏环境评价

采用 SPSS 22.0 对幼儿象征性游戏环境数据进行因子分析。研究以弗罗斯特的游戏环境评价量表为参考依据，选取"可供幼儿开展象征性游戏的设备和材料""有废弃的但有游戏价值的材料""定期更新游戏材料""设施设备的尺寸适合于幼儿的年龄""所有的安全设施维护良好""鼓励幼儿游戏的环境""刺激幼儿的感官""支持幼儿与其他幼儿交往"等变量归入主指标幼儿象征性游戏环境中，每一类变量就成为一个因子，共同反映主指标环境的大部分信息。

4.1.1 幼儿象征性游戏环境评价结果

运用方差最大正交旋转法对幼儿象征性游戏环境评价子指标进行因子分析，并获得幼儿象征性游戏环境评价子指标的特征值与方差贡献率结果，如表 4.1 所示。

表4.1　幼儿象征性游戏环境评价指标的特征和方差贡献率

主成分	特征值	贡献率/%	累积贡献值/%
1	4.395	54.943	54.943
2	2.157	26.966	81.910
3	0.847	10.588	92.498
4	0.421	5.261	97.759
5	0.154	1.927	99.686
6	0.023	0.283	99.969
7	0.002	0.031	100.000
8	1.067×10^{-16}	1.334×10^{-15}	100.000

由表4.1发现，前3个因子的累积贡献率为92.498%，超过了85%，这说明可以提取前3个公因子，这3个公因子的旋转载荷矩阵如表4.2所示。

表4.2　幼儿象征性游戏环境评价指标的因子分子旋转载荷矩阵

幼儿象征性游戏环境评价子指标	F_1	F_2	F_3
可供幼儿开展象征性游戏的设备和材料 X_1	−0.396	0.278	0.822
有废弃的但有游戏价值的材料 X_2	0.980	−0.075	0.013
定期更新游戏材料 X_3	0.140	−0.955	−0.017
设备尺寸适合幼儿年龄 X_4	−0.967	0.096	0.065
安全设施维护良好 X_5	0.213	0.872	0.339
鼓励幼儿游戏 X_6	0.934	0.078	−0.145
刺激幼儿感官 X_7	0.934	0.078	−0.145
支持幼儿间交往 X_8	0.727	0.108	0.620

由以上结果可知，幼儿象征性游戏环境评价指标可归纳为3个因子。

因子1在"有废弃的但有游戏价值的材料""设备尺寸适合幼儿年龄""鼓励幼儿游戏""刺激幼儿感官"和"支持幼儿间交往"上的系数分别是0.980、0.967、0.934、0.934和0.727，它们反映了幼儿象征性游戏环境评价总方差的54.943%。这5个子指标主要反映了幼儿象征性游戏环境评价中"环境的教育性"的含义与要求，因此将"有废弃的但有游戏价值的材料""设备尺寸适合幼儿年龄""鼓励幼儿游戏""刺激幼儿感官"和"支持幼儿间交往"5 个子指标组成的因子命名为"环境的教育性"。

因子 2 在"定期更新游戏材料"和"安全设施维护良好"上的系数分别为 0.955 和 0.872，其反映了幼儿象征性游戏环境评价总方差的26.966%。这 2 个子指标主要反映了幼儿象征性游戏环境评价中"环境管理与安全"的含义与要求，因此将"定期更新游戏材料"和"安全设施维护良好"2 个子指标组成的因子命名为"环境管理与安全"。

因子 3 在"可供幼儿开展象征性游戏的设备和材料"上的系数为0.822，反映了幼儿象征性游戏环境评价总方差的 10.588%。这个子指标主要反映了幼儿象征性游戏环境评价中"环境内容"的含义与要求，因此将"可供幼儿开展象征性游戏的设备和材料"子指标组成的因子命名为"环境内容"。

由此，幼儿象征性游戏环境评价主指标下"环境的教育性""环境管理与安全"和"环境内容"的提取、归纳和命名验证并修正了基于背景的幼儿象征性游戏环境评价中的 3 个分指标，进而得到公因子解释表，如表 4.3 所示。

表4.3　幼儿象征性游戏环境评价的公因子解释

因　子	因子命名	构成指标
因子 1	环境的教育性	有废弃的但有游戏价值的材料 设备尺寸适合幼儿年龄 鼓励幼儿游戏 刺激幼儿感官 支持幼儿间交往
因子 2	环境管理与安全	定期更新游戏材料 安全设施维护良好
因子 3	环境内容	可供幼儿开展象征性游戏的设备和材料

利用旋转因子载荷矩阵，可以得到每个指标在主成分上的线性表达，即

$$X_1 = -0.396F_1 + 0.278F_2 + 0.822F_3$$
$$X_2 = 0.980F_1 - 0.075F_2 + 0.013F_3$$
$$\cdots$$
$$X_8 = 0.727F_1 + 0.108F_2 + 0.620F_3$$

利用回归法，得到上述提取出来的 3 个因子的得分系数矩阵，显示各个变量在每个因子上的得分情况，如表 4.4 所示。

表4.4 幼儿象征性游戏环境评价因子的得分系数矩阵

幼儿象征性游戏环境评价子指标	F_1	F_2	F_3
可供幼儿开展象征性游戏的设备和材料 X_1	−0.070	−0.076	0.702
有废弃的但有游戏价值的材料 X_2	0.225	−0.063	0.064
定期更新游戏材料 X_3	0.040	−0.632	0.295
设备尺寸适合幼儿年龄 X_4	−0.220	0.052	0.005
安全设施维护良好 X_5	0.050	0.469	0.056
鼓励幼儿游戏 X_6	0.209	0.090	−0.141
刺激幼儿感官 X_7	0.209	0.090	−0.141
支持幼儿间交往 X_8	0.183	−0.135	0.591

由此可知幼儿象征性游戏环境评价的 3 个因子与各评价指标之间的线性组合关系，以便建立综合评价模型。

上述 3 个因子与各评价指标之间的线性组合关系分别如下：

$F_1 = -0.070X_1 + 0.225X_2 + 0.040X_3 - 0.220X_4 + 0.050X_5 + 0.209X_6 + 0.209X_7 + 0.183X_8$

$F_2 = -0.076X_1 - 0.063X_2 - 0.632X_3 + 0.052X_4 + 0.469X_5 + 0.090X_6 + 0.090X_7 - 0.135X_8$

$F_3 = 0.702X_1 + 0.064X_2 + 0.295X_3 + 0.005X_4 + 0.056X_5 + -0.141X_6 - 0.141X_7 + 0.591X_8$

将原始评价数据代入以上公式中进行计算，得出幼儿象征性游戏样本评价中各个因子的得分，根据因子得分系数矩阵建立综合评分模型：

$F = \sum \alpha_i F_i = 0.549\,43F_1 + 0.269\,66F_2 + 0.105\,88F_3$

将各个因子得分代入上述综合评价模型可计算出幼儿象征性游戏环境评价的结果，幼儿象征性游戏环境评价各因子得分与环境综合评价得分结果如表 4.5 所示。

表4.5 幼儿象征性游戏案例样本环境评价结果

象征性游戏案例	环境的教育性	环境管理与安全	环境内容	环境评价结果
一起包饺子	1.292 145	−0.549 2	5.308 664	1.123 929
忙碌的"东北饺子馆"	2.097 054	−0.173 55	6.440 937	1.787 351
饺子馆里饮品多多	1.557 699	−1.243 84	5.668 057	1.120 565
滚筒对抗赛	4.398 062	−0.384 32	5.586 824	2.904 323
山坡上的运输工	4.501 115	−1.695 68	7.119 92	2.769 648
争当"收银员"	2.950 126	−0.486 57	7.155 375	2.247 289
石头剪刀布	2.490 235	−0.738 65	7.964 316	2.012 286
结账排排队	2.724 969	−0.423 48	7.091 294	2.133 811

综上所述，通过对幼儿象征性游戏环境评价数据进行因子分析，由"有废弃的但有游戏价值的材料""设备尺寸适合幼儿年龄""鼓励幼儿游戏""刺激幼儿感官"和"支持幼儿间交往"5个子指标组成的"环境的教育性"分指标对幼儿象征性游戏环境的贡献最大。由"定期更新游戏材料"和"安全设施维护良好"2个子指标组成的"环境管理与安全"分指标对幼儿象征性游戏环境的贡献次之。

在"环境的教育性"因子上得分最高的游戏是"山坡上的运输工"游戏；在"环境管理与安全"因子上得分最高的游戏是"山坡上的运输工"游戏；在"环境内容"因子上得分最高的游戏是"石头剪刀布"游戏。

4.1.2 幼儿象征性游戏环境评价结果分析

幼儿象征性游戏环境评价得分较高的游戏是"滚筒对抗赛"游戏，与其他游戏相比最大的区别在于其属于户外游戏。户外象征性游戏与室内游戏活动相比较，其教育价值往往更为突出。首先，户外象征性游戏可以对幼儿的自主意识进行全面培养，整个过程中，幼儿有了能够自主分配的"领土"，进而更为方便地进行自我情绪表达。而在室内游戏过程中，幼儿通过他人的行为、语言，可以了解他人的内心想法，进而保持良好沟通状态，在得到认可的情况下，时刻沉浸在自己的小世界中。其次，户外游戏包含了很多带有社会性质的活动项目，有利于象征性游戏的开展。幼儿在户外游戏阶段内，往往有更多相互交流的机会，而且语言更为丰富，很多项目都要合作才能完成。而室内的活动在时间、空间、音量等因素限制下，往往不能使幼儿彻底地放松身心进行活动。

国外对幼儿户外场地的设置和户外象征性游戏的指导方面的成熟经验也是值得我们参考借鉴的。目前，英国学前界已经就户外游戏达成了明显共识。例如，室内外环境统一形成幼儿园环境，其都应当对幼儿成长提供强大保障；教师及管理人员要科学对待室内外环境问题，定期开展监督、管理、评估活动；户外也是幼儿参与学习的场所，整个过程中，教师必须全身心投入开展相关环境设计操作。另外，将低结构游戏材料与户外创造性游戏场地相结合是游戏场地建设的新探索和新模式。例如，美国的幼儿园里不仅有传统项目的设置，还有一部分冒险环节。该区域的材料都是没有经过加工的，幼儿可以亲自动手进行操作。这种冒险性游戏场对于幼儿而言具有较大的吸引力，同时也可对幼儿的自信心、好奇心、动手能力进行全面培养。由于挑战性压力很大，这样的环境将有效促进幼儿的全面发展。

总的来说，户外游戏的环境是象征性游戏环境的重要组成，是一种天然的教育环境，其可以确保幼儿的多样性需求得到相应满足。整个过程中，在对幼儿认知能力进行全面培养的基础上，确保其身体素质达到预期目标。

4.2 教师对幼儿象征性游戏的支持与指导评价

采用 SPSS 22.0 对幼儿象征性游戏评价中教师的支持与指导数据进行因子分析。研究以《幼儿园教育质量评价手册》为参考依据，选取"鼓励幼儿再次或继续活动""帮助 / 解释 / 建议""听幼儿有关帮助或困难的陈述""引导 / 要求实践""提供活动选择""对活动结果的一般性表扬""对活动结果的一般性否定""听与活动评价有关的话语""伴随记录行为的观察""作伴式监督""一般性巡视"等变量归入主指标教师对幼儿象征性游戏的支持与指导中，每一类变量就成为一个因子，共同反映主指标的大部分信息。

4.2.1 教师对幼儿象征性游戏的支持与指导评价结果

运用方差最大正交旋转法对教师对幼儿象征性游戏的支持与指导评价的子指标进行因子分析，获得子指标的特征值与方差贡献率结果，如表 4.6 所示。

表4.6　教师对幼儿象征性游戏支持与指导评价指标的特征和方差贡献率

主成分	特征值	贡献率 /%	累积贡献值 /%
1	6.465	46.181	46.181
2	3.771	26.938	73.119
3	1.934	13.817	86.936
4	0.965	6.894	93.830
5	0.466	3.325	97.156
6	0.253	1.804	98.960
7	0.146	1.040	100.000
8	1.247×10^{-15}	8.906×10^{-15}	100.000
9	1.594×10^{-16}	1.138×10^{-15}	100.000

主成分	特征值	贡献率/%	累积贡献值/%
10	1.222×10^{-16}	8.729×10^{-16}	100.000
11	5.040×10^{-17}	3.600×10^{-16}	100.000
12	-4.470×10^{-17}	-3.193×10^{-16}	100.000
13	-2.503×10^{-16}	-1.788×10^{-15}	100.000
14	-3.492×10^{-16}	-2.494×10^{-15}	100.000

前 3 个因子的累积贡献率为 86.936%，超过了 85%，进而提取前 3 个公因子。这 3 个公因子的旋转载荷矩阵，如表 4.7 所示。

表4.7 教师对幼儿象征性游戏的支持与指导评价指标的因子分子旋转载荷矩阵

教师对幼儿象征性游戏的支持与指导评价子指标	F_1	F_2	F_3
鼓励幼儿再次或继续活动 X_1	0.511	0.820	0.075
帮助/解释/建议 X_2	0.815	0.518	0.189
听幼儿有关帮助或困难的陈述 X_3	0.953	0.105	0.064
引导/要求实践 X_4	0.755	0.074	0.570
提供活动选择 X_5	−0.225	0.607	−0.336
对活动结果的一般性表扬 X_6	0.092	−0.472	−0.826
对活动结果的一般性否定 X_7	0.834	−0.303	0.450
听与活动评价有关的话语 X_8	0.140	−0.837	0.128
伴随记录行为的观察 X_9	0.835	−0.257	−0.149
作伴式监督 X_{10}	0.329	0.877	0.215
一般性巡视 X_{11}	−0.241	0.087	−0.933
友好情感表达 X_{12}	−0.062	0.875	0.449
安慰与保护 X_{13}	0.833	0.491	0.132
否定性情感表达 X_{14}	0.619	−0.111	0.551

表 4.7 显示，教师对幼儿象征性游戏的支持与指导评价指标可归纳为 3 个因子。

因子 1 在"帮助/解释/建议""听幼儿有关帮助或困难的陈述""引

导 / 要求实践""对活动结果的一般性否定""伴随记录行为的观察""安慰与保护"和"否定性情感表达"上的系数分别是 0.815、0.953、0.755、0.834、0.835、0.833 和 0.619，它们反映了教师对幼儿象征性游戏的支持与指导评价总方差的 46.181%。这 7 个子指标主要反映了教师对幼儿象征性游戏的支持与指导评价中"消极情感与行为的教育引导"的含义与要求，因此将"帮助 / 解释 / 建议""听幼儿有关帮助或困难的陈述""引导 / 要求实践""对活动结果的一般性否定""伴随记录行为""观察安慰与保护"和"否定性情感表达"7 个子指标组成的因子命名为"消极情感与行为的教育引导"。

因子 2 在"鼓励幼儿再次或继续活动""提供活动选择""听与活动评价有关的话语""作伴式监督"和"友好情感表达"上的系数分别为 0.820、0.607、0.837、0.877 和 0.875，它们反映了教师对幼儿象征性游戏的支持与指导评价总方差的 26.938%。这 5 个子指标主要反映了教师对幼儿象征性游戏的支持与指导评价中"积极情感与行为的教育引导"的含义与要求，因此将"鼓励幼儿再次或继续活动"" 提供活动选择""听与活动评价有关的话语""作伴式监督"和"友好情感表达"5 个子指标组成的因子命名为"积极情感与行为的教育引导"。

因子 3 在"对活动结果的一般性表扬"和"一般性巡视"上的系数分别为 0.826 和 0.933，它们反映了教师对幼儿象征性游戏的支持与指导评价总方差的 13.817%。这 2 个子指标主要反映了教师对幼儿象征性游戏的支持与指导评价中"监督与反馈"的含义与要求，因此将"对活动结果的一般性表扬"和"一般性巡视"2 个子指标组成的因子命名为"监督与反馈"。

由此，教师对幼儿象征性游戏的支持与指导评价主指标下"消极情感与行为的教育引导""积极情感与行为的教育引导"以及"监督与反馈"的提取、归纳和命名验证并修正了基于输入的教师对幼儿象征性游戏的支持与指导评价中的 3 个分指标，进而得到公因子解释表，如表 4.8 所示。

表4.8　教师对幼儿象征性游戏支持与指导评价的公因子解释

因　子	因子命名	构成指标
因子 1	消极情感和行为的教育引导	帮助 / 解释 / 建议 听幼儿有关帮助或困难的陈述 引导 / 要求实践 对活动结果的一般性否定 伴随记录行为的观察 安慰与保护 否定性情感表达
因子 2	积极情感和行为的教育引导	鼓励幼儿再次或继续活动 提供活动选择 听与活动评价有关的话语 作伴式监督 友好情感表达
因子 3	监督与反馈	对活动结果的一般性表扬 一般性巡视

利用旋转因子载荷矩阵，可以得到每个指标在主成分上的线性表达，即

$X_1=0.511F_1+0.820F_2+0.075F_3$

$X_2=0.815F_1+0.518F_2+0.189F_3$

……

$X_{14}=-0.619F_1-0.111F_2+0.551F_3$

利用回归法，得到上述提取出来的 3 个因子的得分系数矩阵，显示各个变量在每个因子上的得分情况，如表 4.9 所示。

表4.9　教师对幼儿象征性游戏支持与指导评价因子的得分系数矩阵

教师对幼儿象征性游戏支持与指导评价子指标	F_1	F_2	F_3
鼓励幼儿再次或继续活动	0.095	0.190	−0.076
帮助 / 解释 / 建议	0.161	0.102	−0.053
听幼儿有关帮助或困难的陈述	0.221	0.001	−0.108
引导 / 要求实践	0.104	−0.026	0.146
提供活动选择	−0.023	0.173	−0.147
对活动结果的一般性表扬	0.147	−0.081	−0.356
对活动结果的一般性否定	0.148	−0.116	.099

教师对幼儿象征性游戏支持与指导评价子指标	F_1	F_2	F_3
听与活动评价有关的话语	0.036	−0.219	0.077
伴随记录行为的观察	0.230	−0.076	−0.169
作伴式监督	0.031	0.202	0.008
一般性巡视	0.068	0.071	−0.385
友好情感表达	−0.097	0.199	0.166
安慰与保护	0.173	0.097	−0.079
否定性情感表达	0.078	−0.068	0.165

由此可知教师对幼儿象征性游戏支持与指导评价的 3 个因子与各评价指标之间的线性组合关系，以便建立综合评价模型。

上述 3 个因子与各评价指标之间的线性组合关系分别如下：

$F_1=0.095X_1+0.161X_2+0.221X_3+0.104X_4-0.023X_5+0.147X_6+0.148X_7+0.036X_8+0.230X_9+0.031X_{10}+0.068X_{11}-0.097X_{12}+0.173X_{13}+0.078X_{14}$

$F_2=0.190X_1+0.102X_2+0.001X_3-0.026X_4+0.173X_5-0.081X_6-0.116X_7-0.219X_8-0.076X_9+0.202X_{10}+0.071X_{11}+0.199X_{12}+0.097X_{13}-0.068X_{14}$

$F_3=-0.076X_1-0.053X_2-0.108X_3+0.146X_4-0.147X_5-0.356X_6+0.099X_7+0.077X_8-0.169X_9+0.008X_{10}-0.385X_{11}+0.166X_{12}-0.079X_{13}+0.165X_{14}$

将原始评价数据代入以上公式中进行计算，得出教师对幼儿象征性游戏支持与指导中各个因子的得分，根据因子得分系数矩阵建立综合评分模型：

$F= \sum \alpha_i F_i=0.461\,81F_1+0.269\,38F_2+0.138\,17F_3$

将各个因子得分代入上述综合评价模型可计算出教师对幼儿象征性游戏支持与指导评价的结果，教师对幼儿象征性游戏支持与指导评价各因子得分及其综合评价得分结果如表 4.10 所示。

表4.10　教师对幼儿象征性游戏支持与指导评价结果

象征性游戏案例	消极情感和行为的教育引导	积极情感和行为的教育引导	监督与反馈	评价结果
一起包饺子	34.165 6	1.756 93	6.151 042	17.101 186 12
忙碌的"东北饺子馆"	25.280 85	1.417 16	8.469 126	13.226 884 89

象征性游戏案例	消极情感和行为的教育引导	积极情感和行为的教育引导	监督与反馈	评价结果
饺子馆里饮品多多	20.473 46	−0.900 87	5.341 534	9.950 212 744
滚筒对抗赛	13.413 67	0.253 105	8.881 725	7.489 935 142
山坡上的运输工	21.703 26	−1.975 87	10.170 83	10.895 829 35
争当"收银员"	24.209 19	8.377 226	9.410 63	14.736 970 62
石头剪刀布	19.572 33	5.464 375	6.592 058	11.421 514 2
结账排排队	16.496 57	7.128 751	6.097 565	10.381 123 78

综上所述，通过教师对幼儿象征性游戏支持与指导评价数据进行因子分析，由"帮助/解释/建议""听幼儿有关帮助或困难的陈述""引导/要求实践""对活动结果的一般性否定""伴随记录行为的观察""安慰与保护"和"否定性情感表达"7个子指标组成的"消极情感和行为的教育引导"分指标对教师对象征性游戏的支持与指导评价的贡献最大。

4.2.2　教师对幼儿象征性游戏的支持与指导评价结果分析

在"积极情感和行为的教育引导"因子上得分最高的游戏是"争当'收银员'"游戏。"争当'收银员'"游戏中存在较多的师幼互动环节。在"争当'收银员'"游戏中，游戏的组织特征主要表现在以下几点：每个成员充分投入到"超市"区角游戏中，对收银员的角色认同很高，对其赋予很高的劳动热情；遇到冲突时懂得寻求外界帮助，通过教师介入可以达到成员间互相关心、互相尊重、互相帮助、互相谅解的状态，群体中赞扬和帮助占据主导地位，批评和责备都是以正面目的为核心，希望能够打造良好的人际关系，成员表现出对群体的喜爱和自豪感。

另外，在"争当'收银员'"中存在大量的师幼互动内容。通过对游戏中的师幼互动的观察发现，教师更多地是以"教师"这一真实身份而不是以"游戏者"的身份直接介入幼儿的游戏，以信息性询问方式介入。从幼儿向教师主动发起的互动情况看，幼儿主动发起的与教师的互动以"寻求注意"（大声、快哭出来）的方式发起，目的在于请教师帮助解决角色冲突。

教师对幼儿象征性游戏支持与指导评价得分较高的游戏是"一起包

饺子"游戏。在"一起包饺子"游戏中，教师并非以导演的身份控制游戏，更不是剥夺幼儿自己解决问题的机会，打断幼儿游戏的思路，造成游戏的停顿。教师机智地引导游戏进程，对幼儿关系进行全面维护，进而为幼儿创造更多的自我表现机会。在"一起卖饺子"游戏中，笑笑向教师求助后，教师选择了适当介入并参与游戏。从中可以看出，教师通过"买饺子"提出的问题引发了两个幼儿的思考。教师通过询问饺子的馅料，引发了幼儿对生活经验的再现，也巧妙地进行提问，使幼儿能够学会友好相处的交往技巧，并在游戏过程中学会协商、交换、轮流等交往技能。幼儿在游戏中自然获得的这些经验，将会对他们以后的交往行为产生正面的影响。

在"一起包饺子"游戏中，教师还合理安排和引导了游戏的结束工作：在游戏结束前提前提醒幼儿，使幼儿有思想准备；选择幼儿兴致转低但还保留游戏兴趣的时候进行游戏的结束工作；最后以"饺子卖光了"的游戏形式结束了游戏，避免了命令式停止游戏，最终使幼儿愉快地结束游戏，并保持了再做游戏的愿望。

4.3　象征性游戏中幼儿行为评价

采用 SPSS 22.0 对象征性游戏中幼儿行为数据进行因子分析。研究以《幼儿园教育质量评价手册》为参考依据，选取"大肌肉活动""手指活动和小型操作""角色表演""幼儿对自己经验的叙述性讲述""品行学习""社会情感""为集体服务""积极情感表达""消极情感表达""与样本幼儿直接交往的幼儿数"等变量归入主指标象征性游戏中幼儿行为中，每一类变量就成为一个因子，共同反映主指标的大部分信息。

4.3.1　象征性游戏中幼儿行为评价结果

运用方差最大正交旋转法对象征性游戏中幼儿行为评价的 10 个子指标进行因子分析，获得子指标的特征值与方差贡献率结果，如表 4.11 所示。

表4.11　象征性游戏中幼儿行为评价指标的特征和方差贡献率

主成分	特征值	贡献率 /%	累积贡献值 /%
1	4.808	48.077	48.077
2	2.221	22.214	70.292

主成分	特征值	贡献率/%	累积贡献值/%
3	1.413	14.133	84.425
4	1.083	10.829	95.253
5	0.273	2.729	97.982
6	0.193	1.930	99.912
7	0.009	0.088	100.000
8	5.472×10^{-16}	5.472×10^{-15}	100.000
9	4.199×10^{-16}	4.199×10^{-15}	100.000
10	-1.934×10^{-16}	-1.934×10^{-15}	100.000

前 4 个因子的累积贡献率为 95.293%，超过了 85%，进而提取前 4 个公因子，这 4 个公因子的旋转载荷矩阵如表 4.12 所示。

表4.12　象征性游戏中幼儿行为评价指标的因子分子旋转载荷矩阵

象征性游戏中幼儿行为评价子指标	F_1	F_2	F_3	F_4
大肌肉活动 X_1	0.854	-0.176	0.480	-0.043
手指活动和小型操作 X_2	-0.133	-0.731	0.053	0.608
角色表演 X_3	-0.182	0.938	-0.002	0.174
幼儿对自己经验的叙述性讲述 X_4	0.001	0.104	-0.011	0.973
品行学习 X_5	-0.261	-0.426	-0.785	0.051
社会情感 X_6	-0.967	0.119	0.092	-0.011
为集体服务 X_7	0.151	-0.218	0.911	0.047
积极情感表达 X_8	0.968	-0.005	0.221	-0.048
消极情感表达 X_9	-0.617	0.784	-0.017	0.036
与样本幼儿直接交往的幼儿数 X_{10}	0.854	-0.176	0.480	-0.043

由以上结果可知，幼儿象征性游戏环境评价指标可归纳为 4 个因子。

因子 1 在"大肌肉活动""社会情感""积极情感表达"和"与样本幼儿直接交往的幼儿数"上的系数分别是 0.854、0.967、0.968 和 0.854，它们反映了象征性游戏中幼儿行为评价总方差的 48.077%。这 4 个子指标主要反映了象征性游戏中幼儿行为的"表达与表现"的含义与要求，因此将"大肌肉活动""社会情感""积极情感表达"和"与样本幼儿直接交往的幼儿数"4个子指标组成的因子命名为"大肌肉活动和积极情感表达"。

因子2在"手指活动和小型操作""角色表演"和"消极情感表达"上的系数分别是0.731、0.938和0.784，它们反映了象征性游戏中幼儿行为评价总方差的22.214%。这3个子指标主要反映了象征性游戏中幼儿行为的"小肌肉活动和消极情感应对"的含义与要求，因此将"手指活动和小型操作""角色表演"和"消极情感表达"3个子指标组成的因子命名为"小肌肉活动和消极情感应对"。

因子3在"品行学习"和"为集体服务"上的系数分别为0.785和0.911，它们共同反映了象征性游戏中幼儿行为总方差的14.133%。这2个子指标主要反映了象征性游戏中幼儿行为的"品行与社交"的含义与要求，因此将"品行学习"和"为集体服务"2个子指标组成的因子命名为"品行与社交"。

因子4在"幼儿对自己经验的叙述性讲说"上的系数是0.973，它反映了象征性游戏中幼儿行为评价总方差的10.829%。这个子指标主要反映了象征性游戏中幼儿行为的"经验表达"的含义与要求，因此将"幼儿对自己经验的叙述性讲说"这个子指标组成的因子命名为"经验表达"。

由此，象征性游戏中幼儿行为评价主指标下"大肌肉活动和积极情感表达""小肌肉活动和消极情感应对""品行与社交"和"经验表达"的提取、归纳和命名验证并修正了基于过程的象征性游戏中幼儿行为评价中的4个分指标，进而得到公因子解释表，如表4.13所示。

表4.13　象征性游戏中幼儿行为评价的公因子解释表

因　子	因子命名	构成指标
因子1	大肌肉活动和积极情感表达	大肌肉活动 社会情感 积极情感表达 与样本幼儿直接交往的幼儿数
因子2	小肌肉活动和消极情感应对	手指活动和小型操作 角色表演 消极情感表达
因子3	品行与社交	品行学习 为集体服务
因子4	经验表达	幼儿对自己经验的叙述性讲说

利用旋转因子载荷矩阵，可以得到每个指标在主成分上的线性表达，即

$$X_1=0.854F_1-0.176F_2+0.480F_3-0.043F_4$$
$$X_2=-0.133F_1-0.731F_2+0.053F_3+0.608F_4$$
$$\cdots$$
$$X_{10}=0.854F_1-0.176F_2+0.480F_3-0.043F_4$$

利用回归法，得到上述提取出来的4个因子的得分系数矩阵，显示各个变量在每个因子上的得分情况，如表4.14所示。

表4.14 象征性游戏中幼儿行为评价因子的得分系数矩阵

象征性游戏中幼儿行为评价子指标	F_1	F_2	F_3	F_4
大肌肉活动	0.179	−0.002	0.127	0.004
手指活动和小型操作	−0.118	−0.326	0.097	0.387
角色表演	0.080	0.444	−0.033	0.198
幼儿对自己经验的叙述性讲述	0.098	0.134	−0.053	0.750
品行学习	0.034	−0.182	−0.428	0.012
社会情感	−0.373	−0.089	0.287	−0.082
为集体服务	−0.191	−0.147	0.582	−0.006
积极情感表达	0.309	0.116	−0.086	0.034
消极情感表达	−0.115	0.296	0.079	0.044
与样本幼儿直接交往的幼儿数	0.179	−0.002	0.127	0.004

由此可知象征性游戏中幼儿行为评价的4个因子与各评价指标之间的线性组合关系，以便建立综合评价模型。

$$F_1=0.179X_1-0.118X_2+0.080X_3+0.098X_4+0.034X_5-0.373X_6-0.191X_7+0.309X_8-0.115X_9+0.179X_{10}$$

$$F_2=-0.002X_1-0.326X_2+0.444X_3+0.134X_4-0.182X_5-0.089X_6-0.147X_7+0.116X_8+0.296X_9-0.002X_{10}$$

$$F_3=0.127X_1+0.097X_2-0.033X_3-0.053X_4-0.428X_5+0.287X_6+0.582X_7-0.086X_8+0.079X_9+0.127X_{10}$$

$$F_4=0.004X_1+0.387X_2+0.198X_3+0.750X_4+0.012X_5-0.082X_6-0.006X_7+$$

$0.034X_8 + 0.044X_9 + 0.004X_{10}$

将原始评价数据代入以上公式中进行计算，得出象征性游戏中幼儿行为评价各个因子的得分，根据因子得分系数矩阵建立综合评分模型：

$$F = \sum \alpha_i F_i = 0.480\,77F_1 + 0.222\,14F_2 + 0.141\,33F_3 + 0.108\,29F_4$$

将各个因子得分代入上述综合评价模型可计算出象征性游戏中幼儿行为评价的结果，各因子得分及其综合评价得分结果如表 4.15 所示。

表4.15　象征性游戏中幼儿行为评价结果

象征性游戏	大肌肉活动和积极情感表达	小肌肉活动和消极情感应对	品行与社交	经验表达	评价结果
一起包饺子	0.950 785	1.919 415	1.056 776	8.265 49	1.927 912
忙碌的"东北饺子馆"	1.808 599	−0.147 76	3.317 399	6.865 284	2.048 987
饺子馆里饮品多多	2.223 046	1.283 732	3.248 64	7.708 109	2.647 784
滚筒对抗赛	2.425 98	3.920 942	4.672 621	5.604 862	3.304 668
山坡上的运输工	2.189 878	3.269 228	4.866 715	6.379 016	3.157 65
争当"收银员"	−1.865 71	2.241 371	5.816 749	7.461 967	1.231 059
石头剪刀布	−1.861 06	0.223 898	3.239 518	6.991 215	0.369 913
结账排排队	−0.900 36	3.185 279	0.218 528	5.314 664	0.881 121

综上所述，通过象征性游戏中幼儿行为评价数据进行因子分析，由"大肌肉活动""社会情感""积极情感表达"和"与样本幼儿直接交往的幼儿数"4 个子指标组成的"大肌肉活动和积极情感表达"分指标对象征性游戏中幼儿行为评价的贡献最大。在"大肌肉活动和积极情感表达""小肌肉活动和消极情感应对"因子和象征性游戏中幼儿行为评价总分最高的游戏均是"滚筒对抗赛"游戏；在"品行与社交"因子上得分最高的游戏是"争当'收银员'"游戏；在"经验表达"因子上得分最高的游戏是"一起包饺子"游戏。

4.3.2　象征性游戏中幼儿行为评价结果分析

在"大肌肉活动和积极情感表达""小肌肉活动和消极情感应对"因子和象征性游戏中幼儿行为评价总分最高的游戏均是"滚筒对抗赛"游戏。该游戏与其他游戏相比最大的特点是游戏材料为低结构游戏材料。

根据游戏材料的结构化程度，游戏材料主要包括高、低两种结构形式。高结构材料主要指表征性材料、教育性材料、运动性材料等。这些材料的功能不仅确定，材料本身也包含着一定的玩法或游戏规则，属于结构性程度较高的材料。低结构材料与高结构材料只是相对而言的，是指材料的游戏功能相对不确定，结构性程度相对较低，没有明确目标、无规定玩法的材料，这类材料为幼儿留下的个人想象的空间较大，如易拉罐、木板、包装盒子、废旧物品、线轴、冰棍棒，这些物件成本低、大小不一，颜色不同、变化大，幼儿可以根据自己的想法和想象自由地使用。低结构材料可以促进幼儿在游戏中的想象和发散性思维。例如，幼儿可以把半个皮球当作娃娃的帽子、碗、锅、洗澡盆、电话、乌龟。低结构材料的投放能引发幼儿持续思考，使其在自主参与游戏及学习活动过程中不断成长、不断进步，进而使幼儿培养良好的发散思维，创造更多游戏主题，体验喜悦与成就感。

总之，根据以上不同角度对游戏材料的提供和安排，幼儿能从中享受到象征性游戏的乐趣，在对材料的把握中，幼儿可以产生多样化的游戏经验，得到多方面的发展。

4.4　幼儿在象征性游戏中的学习与发展评价

采用 SPSS 22.0 对幼儿在象征性游戏中的学习与发展评价的数据进行因子分析。研究以《幼儿园教育质量评价手册》为参考依据，选取"独立性与自信心""领导欲""表达愿望""分享、轮流、合作、协商""承认错误与道歉""寻求帮助与帮助同伴""问好道别""爱护环境和物品""收拾物品""遵守规定""克服困难""发脾气、生闷气""哭闹"等变量归入主指标幼儿象征性游戏环境中，每一类变量就成为一个因子，共同反映主指标的大部分信息。

4.4.1　幼儿在象征性游戏中的学习与发展评价结果

运用方差最大正交旋转法对幼儿在象征性游戏中的学习与发展评价子指标进行因子分析，并获得子指标的特征值与方差贡献率结果，如表4.16 所示。

表4.16 幼儿在象征性游戏中的学习与发展评价指标的特征和方差贡献率

主成分	特征值	贡献率 /%	累积贡献值 /%
1	6.764	52.027	52.027
2	2.794	21.493	73.520
3	2.279	17.528	91.048
4	0.875	6.734	97.782
5	0.218	1.676	99.458
6	0.052	0.403	99.861
7	0.018	0.139	100.000
8	3.602×10^{-16}	2.771×10^{-15}	100.000
9	1.642×10^{-16}	1.263×10^{-15}	100.000
10	-3.988×10^{-18}	-3.067×10^{-17}	100.000
11	-1.940×10^{-16}	-1.493×10^{-15}	100.000
12	-3.299×10^{-16}	-2.537×10^{-15}	100.000
13	-4.290×10^{-16}	-3.300×10^{-15}	100.000

由表4.16发现，前3个因子的累积贡献率为91.048%，超过了85%，这说明可以提取前3个公因子。这3个公因子的旋转载荷矩阵如表4.17所示。

表4.17 幼儿在象征性游戏中的学习与发展评价指标的因子分子旋转载荷矩阵

幼儿在象征性游戏中的学习与发展评价子指标	F_1	F_2	F_3
独立性与自信心 X_1	−0.157	0.847	0.033
领导欲 X_2	0.946	0.218	0.218
表达愿望 X_3	0.915	−0.249	0.297
分享、轮流、合作、协商 X_4	0.831	0.421	0.328
承认错误与道歉 X_5	0.265	0.026	0.958
寻求帮助与帮助同伴 X_6	0.775	0.254	0.538
问好道别 X_7	0.237	0.885	−0.221
爱护环境和物品 X_8	0.144	0.870	0.246
收拾物品 X_9	0.370	0.870	0.207
遵守规定 X_{10}	0.858	0.028	−0.405
克服困难 X_{11}	−0.011	−0.101	−0.827
发脾气、生闷气 X_{12}	0.775	0.498	0.326
哭闹 X_{13}	0.269	0.062	0.952

表 4.17 显示，幼儿在象征性游戏中的学习与发展评价指标可归纳为3 个因子。

因子 1 在"领导欲""表达愿望""分享、轮流、合作、协商""寻求帮助与帮助同伴""遵守规定"和"发脾气、生闷气"上的系数分别为 0.946、0.915、0.831、0.775、0.858 和 0.775，它们共同反映了象征性游戏效果总方差的 52.027%。这 6 个子指标主要反映了象征性游戏效果的幼儿"主动交往行为与技能"的含义与要求，因此将"领导欲""表达愿望""分享、轮流、合作、协商""寻求帮助与帮助同伴""遵守规定"和"发脾气、生闷气"6 个子指标组成的因子命名为"主动交往行为与技能"。

因子 2 在"独立性与自信心""问好道别""爱护环境和物品"和"收拾物品"上的系数分别是 0.847、0.885、0.870、0.870，它们反映了象征性游戏效果评价总方差的 21.493%。这 4 个子指标主要反映了幼儿学习与发展中幼儿"社会性特征"的含义与要求，因此将"独立性与自信心""问好道别""爱护环境和物品"和"收拾物品"4 个子指标组成的因子命名为"社会性与亲社会特征"。

因子 3 在"承认错误与道歉""克服困难"和"哭闹"上的系数分别为 0.958、0.827 和 0.952，它们共同反映了象征性游戏效果总方差的17.528%。这 3 个子指标主要反映了象征性游戏效果的"情绪和行为控制"的含义与要求，因此将"承认错误与道歉""克服困难"和"哭闹"3 个子指标组成的因子命名为"情绪和行为控制"。

由此，象征性游戏中幼儿学习与发展评价主指标下"主动交往行为与技能""社会性与亲社会特征"和"情绪和行为控制"的提取、归纳和命名验证并修正了基于成果的象征性游戏中幼儿学习与发展评价中的 3个分指标，进而得到公因子解释表，如表 4.18 所示。

表4.18　象征性游戏中幼儿学习与发展评价的公因子解释

因　子	因子命名	构成指标
因子 1	主动交往行为与技能	领导欲 表达愿望 分享、轮流、合作、协商 寻求帮助与帮助同伴 遵守规定 发脾气、生闷气

因　子	因子命名	构成指标
因子2	社会性与亲社会特征	独立性与自信心 问好道别 爱护环境和物品 收拾物品
因子3	情绪和行为控制	承认错误与道歉 克服困难 哭闹

利用旋转因子载荷矩阵，可以得到每个指标在主成分上的线性表达，即

$$X_1 = -0.157F_1 + 0.847F_2 + 0.033F_3$$
$$X_2 = 0.946F_1 + 0.218F_2 + 0.218F_3$$
$$\cdots$$
$$X_8 = 0.144F_1 + 0.870F_2 + 0.246F_3$$

利用回归法，得到上述提取出来的3个因子的得分系数矩阵，显示各个变量在每个因子上的得分情况，如表4.19所示。

表4.19　象征性游戏中幼儿学习与发展评价因子的得分系数矩阵

象征性游戏中幼儿学习与发展评价子指标	F_1	F_2	F_3
独立性与自信心	−0.123	0.283	0.003
领导欲	0.219	−0.022	−0.036
表达愿望	0.243	−0.170	0.009
分享、轮流、合作、协商	0.156	0.050	0.009
承认错误与道歉	−0.035	−0.045	0.304
寻求帮助与帮助同伴	0.132	−0.005	0.093
问好道别	0.011	0.268	−0.130
爱护环境和物品	−0.065	0.257	0.043
收拾物品	0.002	0.238	0.004
遵守规定	0.281	−0.055	−0.238
克服困难	0.098	−0.006	−0.284
发脾气、生闷气	0.135	0.079	0.012
哭闹	−0.037	−0.033	0.300

由此可知象征性游戏中幼儿学习与发展评价的3个因子与各评价指标之间的线性组合关系，以便建立综合评价模型。

上述3个因子与各评价指标之间的线性组合关系分别如下：

$$F_1=-0.123X_1+0.219X_2+0.243X_3+0.156X_4-0.035X_5+0.132X_6+0.011X_7-0.065X_8+0.002X_9+0.281X_{10}+0.098X_{11}+0.135X_{12}-0.037X_{13}$$

$$F_2=0.283X_1-0.022X_2-0.170X_3+0.050X_4-0.045X_5-0.005X_6+0.268X_7+0.257X_8+0.238X_9-0.055X_{10}-0.006X_{11}+0.079X_{12}-0.033X_{13}$$

$$F_3=0.003X_1-0.036X_2+0.009X_3+0.009X_4+0.304X_5+0.093X_6-0.130X_7+0.043X_8+0.004X_9-0.238X_{10}-0.284X_{11}+0.012X_{12}+0.300X_{13}$$

将原始评价数据代入以上公式中进行计算，得出中各个因子的得分，根据因子得分系数矩阵建立综合评分模型：

$$F=\sum \alpha_i F_i=0.520\ 27F_1+0.214\ 93F_2+0.175\ 28F_3$$

将各个因子得分代入上述综合评价模型可计算出象征性游戏中幼儿学习与发展评价的各因子得分及其综合评价得分结果，如表4.20所示。

表4.20　象征性游戏中幼儿学习与发展评价结果

象征性游戏案例	主动交往行为与技能	社会性与亲社会特征	情绪和行为控制	评价结果
一起包饺子	3.625 562	3.046 877	1.925 696	2.878 672 374
忙碌的"东北饺子馆"	2.033 498	4.896 011	−0.964 12	1.941 276 826
饺子馆里饮品多多	1.997 005	4.810 602	−1.259 82	1.852 103 879
滚筒对抗赛	2.332 224	1.609 679	−0.980 98	1.387 408 858
山坡上的运输工	2.562 687	1.599 175	−1.171 3	1.471 694 983
争当"收银员"	4.295 773	4.069 559	1.731 88	3.413 195 736
石头剪刀布	5.174 26	4.178 332	−2.114 67	3.219 401 816
结账排排队	5.431 429	3.974 891	−2.105 69	3.311 048 174

通过象征性游戏中幼儿学习与发展评价数据进行因子分析，由"领导欲""表达愿望""分享、轮流、合作、协商""寻求帮助与帮助同伴""遵守规定"和"发脾气、生闷气"6个子指标组成的"主动交往行为与技能"分指标对象征性游戏中幼儿学习与发展评价的贡献最大。象征性游戏中幼儿学习与发展评价得分最高的游戏是"争当'收银员'"游戏；在"主动交往行为与技能"因子上得分最高的游戏是"结账排排队"游戏；在"社会性与亲社会特征"因子上得分最高的游戏是"忙碌的东

北饺子馆"游戏；在"情绪和行为控制"因子上得分最高的游戏是"石头剪刀布"游戏。

4.4.2 幼儿在象征性游戏中的学习与发展评价结果分析

象征性游戏中幼儿学习与发展评价得分最高的游戏是"争当'收银员'"游戏。从"争当'收银员'"游戏和其他各因子分数较高的游戏中可以发现，象征性游戏中，幼儿通过象征性游戏禁止和检查作用，将社会规范和道德观念内化在自己的观念之中，反作用于真实生活。

规则是人们在社会生活中必须面对和遵守的，其存在合情合理，保证了社会正常的生活、学习、工作顺利进行，也是现代文明的重要组成部分。人生任何一个阶段都将面对新的规则，社会任何一处都会有不同的规则，不同的社会角色须遵守不同的规则。遵守规则是现代人的基本素质，也是社会存在和发展的需要。在象征性游戏当中，幼儿与同伴互动，幼儿对游戏规则是否认同一致、是否可以相互合作，都是需要规则意识的。象征性游戏作为社会规则的本质特征，具有规则性，无论是由游戏的社会情境外显的游戏规则，还是在游戏过程中体现出来的游戏内在的情境感和秩序性的这种内隐游戏规则，都对幼儿理解并内化社会规则非常有意义，可为幼儿社会适应起到启蒙作用。

4.5 幼儿象征性游戏综合评价与分析

对基于 CIPP 的幼儿象征性游戏各个主指标的分指标及其子指标的因子分析评价结果进行汇总整理，进而通过熵值法对评价结果进行分析，确定各个评价主指标的权重，建立幼儿象征性游戏的评价模型，得到幼儿象征性游戏的综合评价结果。

4.5.1 基于 CIPP 的幼儿象征性游戏因子分析得分情况

由幼儿象征性游戏各个主指标及其子指标的因子分析评价结果，将基于 CIPP 的 8 个幼儿象征性游戏的评价结果汇总如下，如表 4.21 所示。

表4.21　基于CIPP的幼儿象征性游戏评价结果

幼儿象征性游戏	背景	输入	过程	成果
一起包饺子	1.123 929	17.101 186 12	1.927 911 888	2.878 672 374
忙碌的"东北饺子馆"	1.787 351	13.226 884 89	2.048 987 129	1.941 276 826
饺子馆里饮品多多	1.120 565	9.950 212 744	2.647 783 629	1.852 103 879
滚筒对抗赛	2.904 323	7.489 935 142	3.304 668 357	1.387 408 858
山坡上的运输工	2.769 648	10.895 829 35	3.157 650 456	1.471 694 983
争当"收银员"	2.247 289	14.736 970 62	1.231 058 674	3.413 195 736
石头剪刀布	2.012 286	11.421 514 2	0.369 912 68	3.219 401 816
结账排排队	2.133 811	10.381 123 78	0.881 120 772	3.311 048 174

由表 4.21 可知，幼儿象征性游戏背景评价得分较高的游戏是"滚筒对抗赛"游戏；幼儿象征性游戏输入评价得分较高的游戏是"一起包饺子"游戏；幼儿象征性游戏过程评价得分较高的游戏是"滚筒对抗赛"游戏；幼儿象征性游戏成果评价得分较高的游戏是"争当'收银员'"游戏。

4.5.2　基于 CIPP 的幼儿象征性游戏综合评价结果

幼儿象征性游戏的综合评价是通过计算评价的各个主指标的权重，确定综合评价与各个评价主指标的线性表达的关系。研究采用熵值法确定基于 CIPP 的各个评价主指标的权重。熵值法是一类用来判断指标的离散程度的数学方法。离散程度越大，则该指标对综合评价的影响越大，熵就越大。在信息论中，熵是对不确定性的一种度量。信息量越大，不确定性越小，熵也就越小；信息量越小，不确定性越大，熵也越大。根据熵的特性，我们可以通过计算熵值来判断一个事件的随机性及无序程度，也可以用熵值来判断某个指标的离散程度，指标的离散程度越大，该指标对综合评价的影响越大。在评价学中，利用熵值法可以确定指标的权重。根据各项指标的变异程度，利用信息熵这个工具，计算出各个指标的权重，为多指标综合评价提供依据。各项指标的计量单位并不统一，因此在用它们计算综合指标前，我们先要对它们进行标准化处理，即把指标的绝对值转化为相对值，从而解决各项不同质指标值的同质化问题。

4.5.2.1 对评价结果数据的标准化

基于 CIPP 思维幼儿象征性游戏评价研究中，游戏样本总量为 8，每个游戏样本有 4 个原始评价指标（背景、输入、过程、成果）。选取的评价指标在实际意义与表现形式方面不同，因此评价指标数据间不具有参考性和可比性，即筛选出来的评价指标需进行数据的标准化处理，这也是进行合理、科学、有效的综合评价的前提。通过对评价指标数值的无量纲化、正规化处理，即利用一定的数学变换方法，将不同量纲与性质的指标转化为可进行综合比较的一个相对数值，不仅可以消除量纲的影响，而且可以确保方向上的一致性。

研究选用的数据的标准化方法是 Min-Max 标准化（min-max normalization），也称离差标准化，是对原始数据的线性变换，使结果落到 [0, 1] 区间，转换函数如下：$y_i = x_i - \min\{x_j\} \max\{x\} - \min\{x_j\} y_i = x_i - \min\{x_j\} \max\{x_j\} - \min\{x_j\}$，（$1 \leqslant i \leqslant n$，$1 \leqslant j \leqslant n$）。其中 $\max\{x_j\} \max\{x_j\}$ 为样本数据的最大值，$\min\{x_j\} \min\{x_j\}$ 为样本数据的最小值。这种方法有一个缺陷，即当有新数据加入时，可能导致 max 和 min 的变化，需要重新定义。数据标准化后的结果如表 4.22 所示。

表4.22　基于CIPP的幼儿象征性游戏评价的标准化数据

幼儿象征性游戏	背景（Y_1）	输入（Y_2）	过程（Y_3）	成果（Y_4）
一起包饺子	0	1	0.530 879	0.736 14
忙碌的"东北饺子馆"	0.37	0.596 899	0.572 134	0.273 409
饺子馆里饮品多多	0	0.255 979	0.776 171	0.229 39
滚筒对抗赛	1	0	1	0
山坡上的运输工	0.92	0.354 365	0.949 905	0.041 607
争当"收银员"	0.63	0.754 016	0.293 43	1
石头剪刀布	0.5	0.409 06	0	0.904 336
结账排排队	0.57	0.300 813	0.174 191	0.949 576

4.5.2.2 计算指标的信息熵

根据信息熵的计算公式 $H(j) = -k \sum P(i_j) \ln P(i_j)$（$i=1, 2, \cdots, 8$；$j=1, 2, \cdots, 4$），其中 $P(i_j) = y(i_j) / \sum y(i_j)$，得到各指标的信息熵，如表 4.23 所示。

表4.23　基于CIPP的幼儿象征性游戏主指标的信息熵

指　　标	环境（H_1）	输入（H_2）	过程（H_3）	效果（H_4）
信息熵	0.976 093	0.882 727	0.876 272	0.820 998

4.5.2.3　计算指标的熵权

最后，定义 4 个指标的熵权为 $\omega(j) = [1 - H(j)]/4 - \sum H(j)$，结果如表 4.24 所示。

表4.24　幼儿象征性游戏评价的指标权重

评价结果	环境（ω_1）	输入（ω_2）	过程（ω_3）	效果（ω_4）
指标权重	0.053 857	0.264 181	0.278 724	0.403 239

根据计算得出的各个指标权重，采用线性加权评价法，建立幼儿象征性游戏评价模型，公式为 $Y = 0.053\ 857Y_1 + 0.264\ 181Y_2 + 0.278\ 724Y_3 + 0.403\ 239Y_4$。

4.5.2.4　综合评价

将基于 CIPP 的幼儿象征性游戏评价结果的标准化数据代入综合评价模型的公式，得到幼儿象征性游戏的综合评价结果，如表 4.25 所示。

表4.25　幼儿象征性游戏的综合评价结果

幼儿象征性游戏	综合评价结果
一起包饺子	0.769 521
忙碌的"东北饺子馆"	0.523 666
饺子馆里饮品多多	0.436 811
滚筒对抗赛	0.435 141
山坡上的运输工	0.524 319
争当"收银员"	0.805 253
石头剪刀布	0.581 104
结账排排队	0.625 846

综上所述，在对幼儿象征性游戏进行因子分析和熵值法分析的基础上，得到幼儿象征性游戏的综合评价结果。总体来说，在幼儿象征性游

戏中，教师均注重对游戏的支持与指导。在此前提下，"争当'收银员'"游戏的综合评价结果在案例中所有象征性游戏中处于领先地位，体现其在游戏环境、幼儿行为和社会性学习与发展各方面强劲而均衡的发展态势。紧随其后的是"一起包饺子"游戏和"结账排排队"游戏，这两个游戏凭借良好的游戏环境基础，充分发挥了其在幼儿行为方面的特色与优势，对幼儿象征性游戏实践具有促进作用。

4.5.3 基于CIPP的幼儿象征性游戏综合评价结果分析

根据幼儿象征性游戏评价结果，基于CIPP的8场游戏的评价总结如表4.26所示。

表4.26 基于CIPP的幼儿象征性游戏评价结果总结

CIPP	得分最高游戏	贡献量最大分指标	对应子指标
环境	滚筒对抗赛	环境的教育性	有废弃的但有游戏价值的材料 设备尺寸适合幼儿年龄 鼓励幼儿游戏 刺激幼儿感官 支持幼儿间交往
输入	一起包饺子	消极情感和行为的教育引导	帮助／解释／建议 听幼儿有关帮助或困难的陈述 引导／要求实践 对活动结果的一般性否定 伴随记录行为的观察 安慰与保护 否定性情感表达
过程	滚筒对抗赛	大肌肉活动和积极情感表达	大肌肉活动 社会情感 积极情感表达 与样本幼儿直接交往的幼儿数
成果	争当"收银员"	主动交往行为与技能	领导欲 表达愿望 分享、轮流、合作、协商 寻求帮助与帮助同伴 遵守规定 发脾气、生闷气
总体	争当"收银员"		

幼儿象征性游戏环境评价和过程评价得分最高的游戏都是"滚筒对抗赛"游戏。该游戏属于强调背景和过程的象征性游戏，区别于其他游

戏的主要特征首先是户外游戏,其次是游戏材料为低结构材料。户外游戏具有更加广阔的游戏场地和自然、开放的特征,幼儿在户外环境中可以自由奔跑、呼吸自然空气、开阔视野、充分发挥想象开展象征性游戏。"滚筒对抗赛"游戏中供幼儿开展游戏的设备和材料是废弃的滚筒,属于低结构材料,材料的游戏功能相对不确定,结构性程度相对较低,属于没有明确目标、无规定玩法的材料,这类材料为幼儿留下的个人想象的空间较大,幼儿可以根据自己的想法和想象自由地使用。游戏中的滚筒原先并不在户外场地,是教师将废弃但具有游戏价值的材料投放在户外,是更新的游戏材料,激发了幼儿的好奇心和探索欲,有利于象征性游戏的开展。

幼儿象征性游戏输入评价得分最高的游戏是"一起包饺子"游戏。该游戏属于强调输入的象征性游戏,区别于其他游戏的主要特征表现为教师的教育引导行为显著。小班幼儿独立性、自主性和问题解决的能力不强,需要更多的教师指导和帮助,教师存在更多的参与式介入行为。教师通过提问有哪些馅料的方式鼓励幼儿丰富游戏材料,再次或继续包饺子;当幼儿希望与同伴一起轮流"卖饺子"而难以与同伴沟通互动时,教师听取了幼儿有关沟通困难的陈述,帮助幼儿轮流合作。

象征性游戏中幼儿学习与发展评价得分最高的游戏是"争当'收银员'"游戏。该游戏属于强调成果的象征性游戏,区别于其他游戏的主要特征是幼儿在社会公共场所中,临时组成了"超市小团体"。在谁担任收银员的问题上发生角色冲突时,幼儿需要更多的交往行为参与,团体的每个幼儿都需要表达个人愿望和问题解决的想法,通过集体讨论、寻求帮助、提供帮助等行为,最终习得分享、轮流、合作、协商等问题解决技能。在问题解决过程中,幼儿经过对错误认知和信念的修正,还发展了承认错误与道歉等行为。强调成果的"争当'收银员'"游戏,也是幼儿象征性游戏综合评价得分最高的游戏,符合幼儿象征性游戏开展的最终目的,同时为下一次游戏的开展提供了有效的反馈,有利于幼儿象征性游戏整体水平的不断提升。

基于 CIPP 的幼儿象征性游戏评价研究从 4 个不同角度开展评价工作,对应的系统方式可以利用相关方法确保决策制定能够形成对应反馈信息,达到通过象征性游戏开展教育的需求,在不断进行目标调整基础上,整体体现反馈机制效用,为实现教育质量提升目标打下坚实基础。但基于 CIPP 的幼儿象征性游戏评价研究也有一定的局限性:第一,部分评价只能采用描述性评价方式，了解对应评价内容，这与真正意义上的评价存在很大不同。例如，幼儿象征性游戏过程中师幼互动和同伴交往均属于描述性记录，不易量化统计，只能作为评价的补充资料。第二，研究中对数据进行分析之前，应按照统计要求，检验观察者一致性信度，采用因子分析之前应当先对主指标下的子指标数据进行 KMO 和 Bartlett 检验，以考察子指标是否适合因子分析及其后续分析。一般认为当 KMO 大于0.5，Bartlett 球度检验的 P 值小于 0.1 时，才可进行因子分析。但博士论文调研资源和个人能力的限制，观察只由博士论文撰写者一人承担，无法进行观察者一致性信度检验，同时评价的样本量不够大，数据量并没有达到进行 KMO 和 Bartlett 检验的标准，因此在实际的数据分析中省掉了这一步骤。步骤的省略并不意味着研究结果没有意义，研究更重要的是呈现一种基于 CIPP 教育评价模式的幼儿象征性游戏评价过程，在后续拓展应用中必有其参考价值。第三，研究基于 CIPP 的教育评价模式，对幼儿象征性游戏进行评价，从背景、输入、过程、成果 4 个层次展开，仍然不能做到将有关象征性游戏的指标全部纳入评价指标，如全面展开，则实施困难且费用较高。因此，评价的全面性欠缺。第四，研究连续观察了同一个游戏区的不同游戏，但研究中由于重心在于评价，未能顾及游戏与游戏之间的递进和层级关系，以及幼儿在同一个游戏区的学习与发展的动态。

5

幼儿象征性游戏评价对策与
教育启示

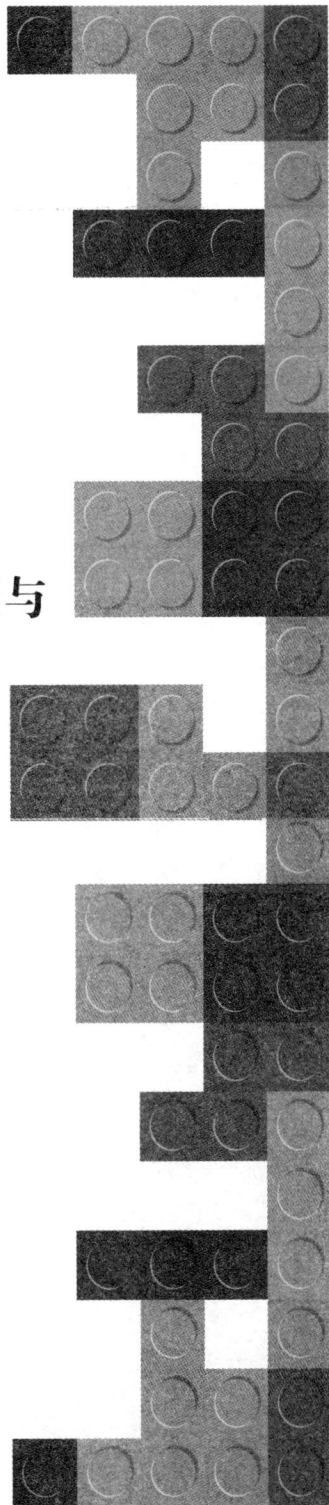

幼儿象征性游戏评价的模式并非是一种规划蓝图，而是一种践行指南。单一化、标准化、理想化的幼儿象征性游戏评价模式不具有现实性与有效性，因此幼儿象征性游戏评价模式必须各具特色。研究通过幼儿象征性游戏评价，提出幼儿象征性游戏评价对策，同时在评价结果的基础上，发挥示范园的幼儿象征性游戏的引领示范作用，反思幼儿象征性游戏的发展与实践，以期为幼儿象征性游戏水平提升提供建设性意见与建议。

5.1　幼儿象征性游戏评价对策

随着幼教改革的不断深入，社会各界对教育评价的重要内容——幼儿象征性游戏的评价的期望也越来越高。国内外都对幼儿象征性游戏评价的体系和方式进行了研究，但也暴露出一些问题。本节结合研究中涉及的幼儿象征性游戏评价的问题提出以下反思。

5.1.1　幼儿象征性游戏评价的主体

在我国，传统幼儿游戏评价的主体比较单一，一般都是教师评价幼儿、幼儿园评价教师、教育行政主管部门评价幼儿园这样一种单一模式。为提高对幼儿游戏评价的实效和信誉，在改革的进程中，幼儿作为评价主体的地位逐渐得到认可，但由于幼儿年龄小、认知水平低、理性判断能力较弱等原因，幼儿作为评价主体的实践未能普遍付诸实践。

幼儿是幼儿游戏教育的接受者，在幼儿游戏评价中，幼儿不仅仅应作为核心价值主体而受到各方评价主体的关注，也应作为评价主体而对幼儿游戏教育发表意见。幼儿在幼儿游戏评价中的特殊角色，规定了其表达自身作为核心价值主体需要的独特性。我们可以合理地假设，游戏是否有显著而持久的成效，关键在于幼儿对游戏的主观经验与看法是否有效。换句话说，参与游戏的幼儿每天所经验、体会的内容，应该成为游戏评价最实际且最真实的预测因素。"由下而上"的评价视角，即尝试从幼儿本身实际参与游戏的真正经验来评价游戏。有意义的游戏评价应涵盖以下关键问题:"在这个环境下,身为一个小孩,感觉如何?"也就是说,这个观点的评价,需要评价人员去推敲游戏内每个幼儿会如何回答类似下列的问题:"我是否常觉得我在这里是受到欢迎的,而不是被剥夺的?""我是否常觉得我属于这里,而不只是众人中的一个而已?""我是否常觉得被老师和同伴接受、了解、保护,而不是被责骂、忽略、孤立或排斥?""我是否觉得大部分的活动吸引人、具挑战性,而不只是好玩、有趣、娱乐或兴奋?"等等。当幼儿对上述"由下而上"的问题大部分都给予了正向的回应时,就可以说该游戏是值得幼儿从事的。

幼儿作为多元评价主体之一的作用主要表现在采用"应答性(资料)收集法"的评价活动中。幼儿作为游戏评价的重要参与方,他们的直接感受和想法是影响其他评价者的重要资料来源。当然,要评价"由下而上"的经验品质,还需要评价人员对幼儿的内在感受做一些推论,而这些推论最好是依据长时期频繁而全面的观察以及从参与者收集到的资料而来。

在幼儿游戏评价活动中,发挥幼儿的评价主体作用应注意以下几点:第一,幼儿一般只是多元评价主体中的一部分,并且不是最终起决定性作用的主体。从本质上说,幼儿作为游戏评价主体是一种个体评价,它从幼儿的需要和愿望出发,以幼儿的需要和愿望为依据,对幼儿进行和参与的游戏活动符合幼儿的需要的程度进行描述。第二,由于幼儿发展水平限制,其评价主体性的发挥具有局限性和成长性。幼儿评价的重点不在于做出价值判断,而在于让其他主体能深入地了解幼儿,让游戏与幼儿学习与发展合拍。第三,幼儿作为主体参与游戏评价,其主要目的还在于教育性和发展性意义。它可以使幼儿换一个角度去观察自己所熟悉的事物,开阔幼儿的视野,帮助幼儿了解和参与成人的世界,这是一个对未来的预演和尝试,可以在多方面增进幼儿的能力,促进幼儿的成长。

幼儿评价游戏的环境应当是自由、宽松的,教师应通过语言引导幼儿表达对游戏的感受,如:"今天我们玩了什么游戏?""最让你开心的是什么?""游戏中你印象最深刻的一件事是什么?""游戏中有没有发生不开心的事?""你在游戏中学习到了什么?""下次你还可以跟伙伴怎么玩这个游戏?"教师通过以幼儿为主体的游戏评价,可以了解幼儿对游戏的心理感受,从中发现问题并适时解决问题,进行评价的再评价,提高对游戏的指导水平。教师发挥幼儿主体性并不是对幼儿游戏的放任,而是从幼儿的学习与发展出发，转变其他评价主体的角色，成为幼儿发展的引导者、帮助者、合作者，使幼儿通过直接感知、实际操作和亲身体验获取学习经验。

5.1.2 幼儿象征性游戏评价的指标

从实际发展状况来看，大部分情况下，幼儿游戏评价指标的研究都是从同一个理论构造体系所发出的，其中包括多元智能理论等。不可否认，任何一种理论体系都存在自身优势与不足。如果相关研究阶段内始终利用单一的理论体系进行幼儿象征性游戏评价，最终结果就很难满足多元化目标要求。不仅如此，现阶段国内外针对幼儿象征性游戏评价指标建设往往十分片面，指标权重设计也存在一定问题，导致在具体实施过程中，个人主观因素也会对相关工作开展造成极大的不良影响。如果评估人员只是根据自身状况对其进行了解，势必容易出现主观意识占据主导地位等问题，进而使评价结果不准确。研究以示范园幼儿象征性游戏为评价样本，制定出了操作性强、针对性强的幼儿象征性游戏评价指标体系。

5.1.2.1 幼儿象征性游戏评价指标的制定

研究对幼儿象征性游戏评价指标进行有效判断，在整理相关要素的基础上，充分参考学前教育研究成果，包括在具有代表性的幼儿象征性游戏案例分析的基础上确定评价指标。依据对 CIPP 教育评价理论模型四大模块背景、输入、过程、成果的理解，制定适合幼儿象征性游戏评价的四大模块，分别是幼儿象征性游戏的环境、教师对幼儿象征性游戏的支持与指导、象征性游戏中幼儿的行为、象征性游戏中幼儿的学习与发展，并分别制定相应的评价分指标和子指标。幼儿象征性游戏环境模块评价指标的选定是依据目前应用最广泛、最成熟的美国得克萨斯大学弗罗斯特教授于 1991 年提出的关于游戏环境评价量表中与幼儿象征性游戏环境相关的因素，建立关于幼儿象征性游戏环境评价变量的主要变量与分层；其余模块评价指标的确定是依据我国国家社会科学基金"十一五"规划（教育学科）国家一般课题"幼儿园教育质量的发展现状与促进研究"系列成果之一《幼儿园教育质量评价手册》里呈现的几项评价工具，分别是"幼儿活动观察""教师行为观察""幼儿发展测评"中与幼儿象征性游戏评价相关的指标。

因此，幼儿象征性游戏评价指标的确定需要考量的因素是多方面的。标准的设立应当具有充分的科学依据，建立在科学研究结论的基础上；

应当在适宜的教育价值观和儿童观的指导下进行，正确认识和处理幼儿象征性游戏与幼儿游戏的关系、幼儿象征性游戏与幼儿教育的关系、教师支持与指导幼儿象征性游戏与幼儿自主游戏的关系、教师与幼儿在象征性游戏中的角色和地位、师幼互动的合理方式等等；评价的指标体系应当能够体现幼儿象征性游戏各个环节的水平差异；评价的指标体系还应具有可行性和可操作性等。

5.1.2.2 幼儿象征性游戏评价指标的验证

研究依据基于 CIPP 的幼儿象征性游戏评价的指标体系，设计出包括 4 个一级指标、16 个二级指标、45 个三级指标，完成相应幼儿象征性游戏指标评价体系建设。整个过程可以将评价指标体系的合理性特征全面体现出来，同时利用因子分析法对 8 场幼儿象征性游戏评价结果进行分析。

选用因子分析法对评价结果进行分析之前，假定观察到的关于幼儿象征性游戏的各个变量均属于典型的潜在因子线性组合要素。从中我们可以了解到，各变量所对应的独有因子往往发挥着十分关键的影响作用。如果经过判断，相关要素呈现较为明显的正交关系，则独有的因子对变量之间的共变关系没有贡献。换言之，只有公因子对观察到的变量之间的公共关系有所贡献。研究中使用因子分析法，既是探索，也是出于验证的目的：通过对观察记录的量化，准备合适的协方差矩阵，抽取初始的因子，旋转以获得最终的因子，通过 SPSS 软件分析获得基本的因子分析信息，从而达到验证指标体系的目的。

实际上，采用因子分析的方法存在局限性。当研究假设不成立时，指标缺乏科学性和合理性，导致建立的线性模型不具有评价功能。后期的研究中，可以选用其他验证指标体系的方法，进一步鉴定指标的合理性，如德尔菲法、肯德尔协同系数测试。要通过多种方法，注重质性方法与量化方法结合，经过综合验证的指标体系才具有更强的推广性和适用性。

5.1.2.3 幼儿象征性游戏评价指标权重的确定

通过因子分析法确定评价指标之后，还应当慎重确定各项指标的实际权重。指标权重往往体现的是指标在对应体系内所发挥的实际作用大小。各个要素指标权重确定以后，我们可以完成对应权重集的整理。需要强调的是，在权重集科学水平不断提升的基础上，相关因素可以为评估工作开展打下坚实基础。研究采用一类用来判断指标的离散程度的数学方法——熵值法计算各指标的权重值，用熵值来判断指标的离散程度，指标的离散程度越大，该指标对综合评价的影响越大。作为一次探索，研究通过因子分析法和熵值法，结合国内外已有的成熟的幼儿游戏评价指标，建立幼儿象征性游戏评价指标体系，并针对相应指标开展有效权重分析活动。指标具体使用过程中，如果评价者专业水平不足，也会对相应指标的可操作性造成极大的不良影响。

5.1.3　幼儿象征性游戏评价的路径

　　幼儿象征性游戏评价的目的在于让幼儿可以更加健康地生活和游戏。游戏本身就属于幼儿生活的一部分，在进行幼儿象征性游戏评价的过程中必须要趋于生活化，才符合幼儿教育评价的要求。幼儿的生活包括家庭生活、学校生活以及社区生活，象征性游戏也是一种生活和学习方式，在幼儿象征性游戏评价的过程中应充分挖掘幼儿的生活资源，尊重幼儿的意愿，将这些综合性的生活资源应用到评价中，这样可以大大提高评价的合理性和准确性，体现评价的价值。

　　幼儿象征性游戏评价如何实现生活化和游戏化的结合，也就是如何实现象征性游戏评价在自然状态下进行。评价的生活化是针对自然状态下的游戏放任状态而提出的，目的是改变重上课、轻游戏的状况，突出游戏在幼儿教育中的地位，实现游戏对教育的服务功能。具体落实用教育目标来关注游戏，以教育的内容和任务来分类组织游戏，以幼儿游戏的年龄特点为依据，加强对游戏的支持与指导，使游戏对幼儿的发展能够迎合教育的方向。

　　评价的游戏化，是针对避免幼儿教育小学化趋向而提出的，目的是使心理机能尚未完善的幼儿不至于过早地承受正规教育所带来的强制性压力，使他们在轻松愉快的活动中发展个性，具体就落实在以游戏的特点来组织教学，在教学评价过程中关注游戏的乐趣，把枯燥的说教变成生动有趣的活动，从而使幼儿获得游戏的心理体验。象征性游戏使幼儿无意收获学习与发展，教师说教的有意收获有时却来之不易，关键在于内在需求和外在要求所分别导致的活动过程不同，一个是主动释放，一个是被动收获，两种过程的心理氛围是不一样的，主动活动是积极而愉快的，被动活动是消极而有负担的。因此，鉴于幼儿的心理特点和生理特点，幼儿象征性游戏评价路径必定是生活化和游戏化的。

5.1.4 幼儿象征性游戏评价的内容

幼儿象征性游戏评价的内容既包括周围环境材料、空间设置的影响，又包括师幼互动、同伴关系，既包括象征性游戏中的幼儿个体行为，又包括教师的支持与指导。如果针对其中最为显性的内外因素，那么"游戏环境"与"教师支持与指导"就是两个重要评价维度。

首先，环境是保障，应用科学数据审定幼儿象征性游戏环境的合理性。幼儿象征性游戏是在环境中发生发展的，象征性游戏环境包含的内容很多，诸如空间规划、材料提供、环境氛围、标志指示。对于处于不同年龄阶段、不同游戏主题、不同发展水平的幼儿来说，评价游戏环境是否满足其当前的发展需求，是否为其提供适宜的材料与空间支持，将比仅仅评价幼儿在游戏中的发展更能为教师完善游戏环境提供有价值的信息，这对于改变当前仅凭经验随意创设环境的现状大有帮助。这也就意味着，我们应借助科学手段，对环境做出有说服力的评量，既要对游戏外部环境与幼儿发展之间的适应性进行评价，又要对游戏内部环境与幼儿发展需要之间的适应性进行评价。环境与幼儿发展的关系是需要双向考量的，既要考量游戏环境对幼儿发展的推动作用，又要衡量幼儿在环境中的发展，既要突出对环境的"适宜性"评价，又要关注幼儿对环境的"适应性"，它们互为作用、相互影响。也就是说，评价的时候还必须动态关注游戏环境是否满足幼儿象征性游戏的需要，游戏环境是否满足了幼儿社会交往的需要，游戏环境是否满足幼儿创造力发展的需要，游戏环境是否满足幼儿解决问题的需要，为此应主要评价幼儿在游戏环境中专注的时间、对操作材料的兴趣、材料对幼儿社会交往的支持程度、材料的难易层次、幼儿对环境的个别化适应程度、材料提供对问题解决的影响等。

其次，教师对象征性游戏的支持与指导是关键，应用观察审议支持的有效性。游戏的发展离不开教师的支持，教师的指导对幼儿的游戏可以产生直接影响。教师的游戏指导需要建立在丰富的教学经验基础上，更需要科学理论的有效支撑。教师常常困惑于游戏的指导，面对不断变化的游戏现场、随时更替的游戏情境、各不相同的发展中的幼儿，教师常常觉得茫然、不知所措，不知道如何介入幼儿的游戏，也不知道何时进行干预，不知道如何为幼儿提供支持。为了解决这一问题，评价就需要关注幼儿游戏从开始到结束的全部过程，关注教师在幼儿游戏过程中采取的各种指导策略，由此帮助教师反观和反思自己的指导或干预对幼儿发展的有效性。游戏中，教师需要对幼儿的兴趣、已知经验、发展目标等进行必要的预设，才能进行有目的的指导。通过对预先计划与幼儿游戏的实际状况进行对比，可以促使教师主动反思，从而提高预设的准确性，更贴近幼儿的发展需求。具体来说，可以从教师游戏目标预设、环境准备、游戏分享与幼儿经验的相关度等方面进行评价与反思，结合日常游戏观察记录灵活进行。

5.2　以评价促进幼儿学习与发展的教育启示

象征性游戏中存在着大量的幼儿对自己实际生活经验的反映与思考，有助于解读幼儿的社会认知、情感和行为，兼具"自然性"和"教育性"，蕴含着大量的教育契机。通过对幼儿象征性游戏开展评价工作，以评价结果为依据，从游戏材料的选择、师幼互动和教师的个别化指导几个方面提炼促进幼儿学习与发展的教育启示。

5.2.1　幼儿象征性游戏材料的选择和投放

象征性游戏的基本特征是象征，以物代物是象征在游戏中的基本表现形式之一。幼儿在象征性游戏中不但要认识游戏材料本身，还必须把游戏材料当作其他物品或人，也就是说要进行一个以"它像什么"为标志的心理活动过程。"破皮球"之所以能变成"碗"，半个皮球和玻璃瓶构成的组合物之所以能变成"乌龟"，都是这种心理活动的结果。这一心理活动过程，是对当前刺激物的认知和用它来进行象征性游戏的中介或联系环节。通过这一过程，幼儿在思想上对当前刺激物进行改造，使之成为不在眼前的物体的代替物，然后激活与被代物有关的动作表象，进而做出象征性游戏动作。由此可见，以物代物是一种心理结构，代替物和被代物之间的对偶联结的形成，以幼儿能够敏感地细察或认识到当前刺激物与其他不在眼前的物体之间潜在的类比或隐喻关系为前提，是思维、想象等多种心理成分参与的复杂的心理活动过程的产物。它既是一个解决问题的过程，又是一个创造的过程。

第一，应尽量选择生活化的游戏材料。幼儿的情绪情感和社会性发展处于心理发展的早期阶段，情感的稳定性和控制力低，易受外部环境的影响。象征性游戏材料在功能上应贴近生活实际，使幼儿在贴近真实生活的象征性游戏中体验真实的情感过程，在同伴互动和交往过程中逐步掌握调节情绪的策略，最大化发挥象征性游戏对幼儿情绪情感方面的同化作用。在幼儿活动区投放一些生活情景式材料，如清扫工具、厨房用具、各类职业的服饰道具等生活场景中常见的材料，在教师的引导下，让幼儿充分发挥想象力，模拟现实场景进行游戏，扮演不同角色进行互动等。总之，随着幼儿智力和交往能力的发展，游戏中的象征色彩会越来越浓厚，各种生活角色之间的关系越来越复杂，从小班到大班，象征性游戏材料的选择与投放总体趋势会越来越贴近现实。

第二，应尽量选择开放性的游戏材料，因为开放性的游戏材料可以促进幼儿认知水平和能力发展。认知发展游戏理论认为，主体与客体相互作用并达到平衡有利于个体认识的发展，幼儿智力发展源自幼儿与物质世界发生的联系。5岁儿童就可以通过对周围环境的阐述和推理，使用口头和非言语表达，来理解和创造象征结构。① 因此，在游戏区应当投放积木、纸片、雪花片等开放式材料，其特点是尺寸、颜色和形状不固定，功能宽泛，具有可发散性。由于自我表达需要和生活经验的差异，每个幼儿都会创造出不同的"物品"；面对同样的问题情境，不同的幼儿也会利用不同解决方式进行思考和操作。在幼儿游戏时间，教师通过投放具有多种用途的开放的游戏材料，把握幼儿认知和智力发展的关键期，给予幼儿宽松的自由创造和发挥的空间，促进幼儿发展其感觉知觉、观察与思维能力、发散性问题的解决策略，为其他心理品质的产生和发展奠定基础，进而奠定幼儿智力发展的早期基础。

第三，室内游戏材料应尽可能多地支持幼儿参与游戏材料的制作过程，促进幼儿基础运动能力发展。游戏理论认为，在游戏材料制作过程中，幼儿的身体得到充分活动，对骨骼、肌肉和内脏器官的成熟，神经系统和精细动作的发育能起到促进作用。幼儿时期是一个人肢体运动发展的关键期，该阶段运动和协调发展水平很大程度上决定着其成年以后肢体的协调性和运动能力。因此，支持幼儿参与自制玩具活动，不但可以促进幼儿精细动作的发展，还可以培养其创造力和专注力。幼儿自制游戏材料时必须注意以下几个方面的问题：①要综合考虑材料的颜色、材质、安全性、存放条件，保证材料对幼儿的安全、卫生、健康。②要避免选择太过新奇的游戏材料，新异性高固然可以吸引幼儿投入游戏，但也会导致幼儿专注摆弄各种玩具，降低游戏效果。③要避免游戏材料

① 杨宁. 皮亚杰的游戏理论 [J]. 学前教育研究，1994（1）：12-14.

过量或过少，多余的材料不但不利于幼儿注意力的集中，还容易造成游戏混乱无序，从而增加教师的工作量；过少的材料则容易造成幼儿间产生更多的冲突和部分幼儿被边缘化。①

综上所述，游戏材料在幼儿身心发展以及幼儿象征性游戏的推进上都有着重要作用。认知水平处在前运算阶段的幼儿需要能激发其主动探索的兴趣且有效促进其认知情感等各方面发展的材料。从认知发展角度出发，在选择和投放游戏材料时，要注意贴近幼儿的生活实际，尽量选择开放式的游戏材料，并使幼儿参与游戏材料的制作过程，促进其知情意和肌体运动的健康协调发展。

5.2.2 幼儿象征性游戏中的师幼互动

幼儿象征性游戏中的师幼互动是幼儿象征性游戏精神环境的重要组成部分。教师应与幼儿时刻保持良好互动关系，关注每一个互动细节，因为该部分因素会直接影响幼儿身心健康的发展状态。只有师幼互动关系良好，才能确保幼儿的相关成长需求得到全面满足。具体实施过程中，幼儿象征性游戏的师幼互动包括游戏的组织气候和师幼关系两部分。幼儿象征性游戏的组织气候，可以理解为游戏组织内成员交往过程中所对应的实际心理发展趋势，一旦对成员行为产生约束作用，就会同时对其他成员形成一定影响。从心理机制上来说，游戏的组织气候是以心理气氛形式为核心逐步发展起来的，在对群体生活规律进行相应总结的基础上，满足相关行为制约发展要求。它对群体成员的约束作用，是依靠群体规范、舆论、内聚力等一些无形的力量来实现的。师幼关系指教师和幼儿在交往中所形成的各种关系。幼儿象征性游戏作为一个临时性组织，相关因素可以对交往活动开展产生直接性影响作用。

对研究中涉及的 8 场幼儿象征性游戏的观察表明，在观察期间收集到的师幼互动事件中，幼儿作为施动者开启的互动事件的频次高于教师作为施动者开启的互动事件，幼儿的象征性游戏较少受到教师的约束或支配，大部分幼儿能够根据自己的意愿或需求主动与教师进行互动。另外，在与个别教师的访谈中，他们表示："现在我们正在努力改变自己原先的观念，尤其是幼儿在进行区域活动时，要'放手'让幼儿自己去玩，

---

① 刘焱. 幼儿园自制玩教具活动的意义、指导思想和评价标准 [J]. 学前教育研究，2007（9）：24-30.

自己去发现、去探索，这样才更有利于幼儿的发展。"这也表明幼儿教师的师幼互动观念也在与时俱进地发生着改变。

教师作为施动者，在开启互动时更加注重指导幼儿游戏、约束纪律和询问游戏情况，目的性比较明确，但是在安慰、关心与表达情感、照顾生活与培养习惯、评价、与幼儿共同游戏方面的互动比较少。在互动过程中，教师更加注重对象征性游戏过程和游戏规则的关注。首先，幼儿作为施动者开启互动时，寻求关注与表达情感主题的互动最多，表明幼儿在象征性游戏时希望得到教师的关注与赞许；其次是请求照顾与帮助的主题，表明幼儿虽已有一定的自理能力，但还是需要教师时刻关注；再次是告状类主题的互动，幼儿虽然已经具备了一些自己解决、协商问题的能力，但仍然有发表见解、寻求教师肯定的需要。观察期间并没有发现幼儿开启与角色游戏无关的互动，这说明幼儿投入到了象征性游戏之中。

师幼互动是一个较为典型的双向建构发展阶段，不仅幼儿可以满足成长需求，教师也能够在该阶段内不断累积专业知识，并在不断反思过程中提高自身所具备的综合素质水平，继而为保持良好的建构发展状态打下坚实基础。同时，为了满足幼儿的全面发展需求，教师必须对内在教育观念进行相应调整，通过采取有效措施，在充分发挥抽象教育目标作用的基础上，确保师生互动目标条件能够真正实现。教师除了要认真观察和了解幼儿游戏，还要深入参与幼儿的游戏，以角色的身份采取建议、评价等方式影响并带动幼儿游戏。教师在更多情况下是幼儿的朋友，一定要用同等的身份参与游戏活动。整个阶段内，幼儿在与教师的交往中，学会了从自我中心状态过渡到能够考虑到他人，并学习与他人协调、平衡，这为幼儿步入社会做出了最初的必要的准备。

5.2.3 教师对幼儿在象征性游戏中的个别化指导

在象征性游戏中，针对不同年龄段的幼儿，师幼互动的内容和程度应有所不同。年龄较小的幼儿独立性差，解决问题的能力弱，沟通能力不足，在象征性游戏中需要教师的更多介入；随着幼儿的年龄增长，其生活经验不断拓展，变得更加独立自主，可以通过自己的方式思考并解决问题，同伴交往日益增多，这时候教师更多情况下是以观察者的身份介入游戏，给幼儿足够的选择空间，同时对幼儿游戏能力进行全面培养。

教师应尊重不同年龄层次幼儿的需求特征，分清幼儿与教师的区别，以幼儿的眼光来组织和指导游戏。这就要求我们用眼去观察，用心去体会。了解幼儿，才会尊重幼儿。

首先，了解幼儿的心理特质。在幼儿的世界里，从一粒沙中可以观赏世界，从一朵野花中可以看见天堂；幼儿可以使一无所有变得无所不有，借一寸光阴把握永恒；幼儿的撒谎是在表达愿望，幼儿的错误是认知水平的限制；对幼儿来说，事物之间的因果关系并非逻辑上的必然，幼儿是用声音、颜色和事物的形象来思考的；当幼儿需要活动时，他会去攀爬、跳跃；当幼儿需要技巧时，他会去建造、设计、使用工具；当幼儿需要常识时，他会发问，从"是什么"到"为什么"；当幼儿需要被爱时，他学着会靠近并撒娇；当幼儿需要经验或规律时，他会尝试用各种态度和方法来应付不同的环境……这就是发展中的幼儿，这就是成长的需要。这一切表明游戏对幼儿的行为非常重要，没有必要过多指责幼儿的游戏行为，也没有必要将显示幼儿特点的游戏行为与反映教师思想的现实要求紧密联系起来，更没有必要用教师想象中的幼儿组织象征性游戏。因为教师创造的幼儿世界，实际上仍然是由成年人的思想形成的"亚教师"世界，幼儿的世界只能是幼儿自己创造的游戏世界。

其次，了解幼儿游戏的年龄特点。虽然都是幼儿，但各年龄阶段上幼儿游戏状况是不同的。比如，幼儿年龄越小，游戏越出于满足感知运动机能的需要；年龄越长，游戏越出于满足社会交往的心理需要。从动作发展来看，幼儿年龄越小越倾向于粗大动作，年龄越大越倾向于精细动作；从对物的表征来看，幼儿年龄越小越依赖于实物的模仿，年龄越大越偏向于抽象的转换。另外，幼儿对游戏的构思也不同，年龄小的幼儿是边行动边思考，年龄大的幼儿是先思考再行动。由此，成人为幼儿提供材料、指导游戏的方法都应随着幼儿年龄的变化而变化。如果不了解幼儿游戏的年龄特点，选择技能高的游戏对小年龄幼儿来说是作业，而技能要求较低的游戏对大年龄的幼儿来说是无趣。从教师的角度来说，达不到教育的效果；从幼儿的角度来说，达不到游戏的目的。

师幼互动的不同也体现在幼儿间的个体差异方面。个性独立、安静的幼儿更加倾向于独自思考，从事安静的游戏，独立解决问题，教师可根据幼儿的表现和需要适时适当地介入游戏；个性活泼好动且善交际的幼儿则需要更多的同伴交流和与教师交流，教师可以参与式介入游戏与幼儿互动。

综上所述，在幼儿象征性游戏过程中，教师适当进行引导可以帮助幼儿掌握很多知识及技巧，这种教学方式也会取得事半功倍的发展效果。具体发展阶段内，教师通过开展愉悦性教育活动，打造良好的幼儿互动发展关系。教师在整个过程中，通过象征性的指导，维持幼儿健康的身心状态，同时确保幼儿象征性游戏满足科学化、合理化的发展要求。可以说，该方面工作开展是每一位教师需要学习和体会的必修课程。

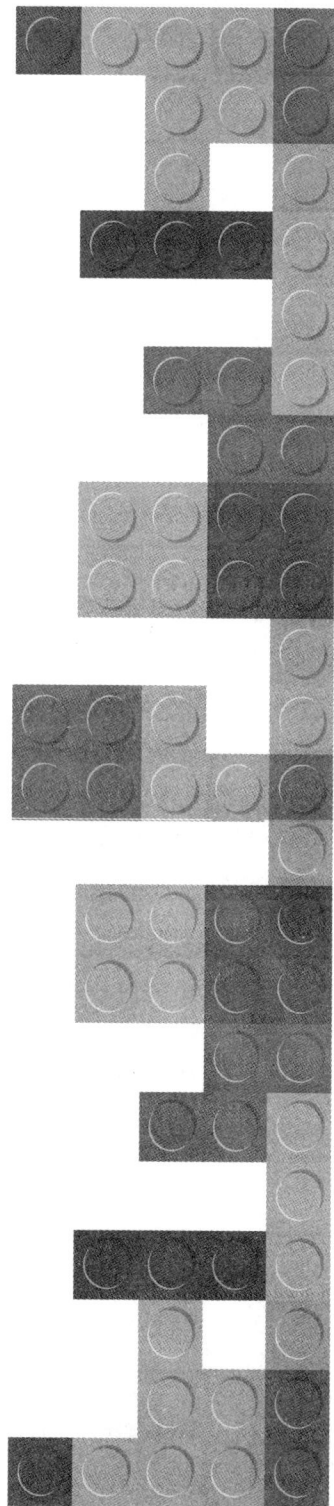

参考文献

著作

[1] Johnson J E, Christie J F, Yawkey T D. 儿童游戏——游戏发展的理论与实务 [M]. 郭静晃, 译. 台北: 杨智文化事业股份有限公司, 1994.

[2] Kata L G. 与幼儿教师的对话——迈向专业成长之路 [M]. 廖凤瑞, 译. 南京: 南京师范大学出版社, 2004.

[3] Stufflebeam D L, Madaus G F, Kellaghan T. 评估模型 [M]. 北京: 北京大学出版社, 2007.

[4] 曹中平. 幼儿社会性发展与教育 [M]. 长沙: 湖南师范大学出版社, 2001.

[5] 车文博. 弗洛伊德主义论评 [M]. 长春: 吉林教育出版社, 1992.

[6] 陈帼眉. 学前儿童发展与教育评价手册 [M]. 北京: 北京师范大学出版社, 1994.

[7] 陈悦, 陈超美. 引文空间分析原理与应用: CiteSpace 实用指南 [M]. 北京: 科学出版社, 2014.

[8] 丁海东. 学前游戏论 [M]. 济南: 山东人民出版社, 2001.

[9] 董旭花. 幼儿园游戏: 第 2 版 [M]. 北京: 科学出版社, 2016.

[10] 费妮. 学前教育——在孩子的世界里, 我是谁? [M]. 黄慧真, 译. 台北: 桂冠图书股份有限公司, 1987.

[11] 弗洛伊德. 弗洛伊德论创造力与无意识 [M]. 北京: 中国展望出版社, 1986.

[12] 格斯特维奇. 发展适宜性实践 [M]. 北京: 教育科学出版社, 2010.

[13] 郭普, 石沐彤. 教师如何观察和评价幼儿 [M]. 长春: 吉林大学出版社, 2016.

[14] 何桂香. 区域游戏评价策略 [M]. 北京: 农村读物出版社, 2005.

[15] 中央教育科学研究所比较教育研究室. 人的发展 [M]. 北京: 教育科学出版社, 1989.

[16] 华爱华. 幼儿游戏理论 [M]. 上海: 上海教育出版社, 2015.

[17] 黄进.游戏精神与幼儿教育 [M].南京：江苏教育出版社，2006.

[18] 林德.在游戏中发展儿童——以游戏为基础的跨学科儿童干预法 [M].上海：华东师范大学出版社，2008.

[19] 刘晓红.学前儿童游戏 [M].郑州：郑州大学出版社，2012.

[20] 刘焱.儿童游戏通论：第 2 版 [M].北京：北京师范大学出版社，2008.

[21] 刘焱.幼儿园游戏与指导 [M].北京：高等教育出版社，2012.

[22] 刘则渊.发展战略学 [M].杭州：浙江教育出版社，1988.

[23] 刘占兰.中国幼儿园教育质量评价：十一省市幼儿园教育质量调查 [M].北京：教育科学出版社，2011.

[24] 卢乐山.学前教育原理 [M].北京：北京师范大学出版社，1991.

[25] 罗恩菲德.创造与心智的成长 [M].王德育，译.长沙：湖南美术出版社，1993.

[26] 皮亚杰.发生认识论原理 [M].王宪钿，译.北京：商务印书馆，1981.

[27] 皮亚杰.儿童的心理发展 [M].傅统先，译.济南：山东教育出版社，1982.

[28] 邱学青.学前儿童游戏：第 3 版 [M].南京：江苏教育出版社，2005.

[29] 田慧生.教学环境论 [M].南昌：江西教育出版社，1996.

[30] 王坚红.学前教育评价 [M].北京：人民教育出版社，2010.

[31] 王振宇.儿童心理发展理论 [M].上海：华东师范大学出版社，2000.

[32] 尾木直树.如何看待"班级崩遗"[M].曹能秀，译.东京：日本广播出版协会，1999.

[33] 本特森.观察儿童——儿童行为观察记录指南 [M].于开莲，王银玲，译.北京：人民教育出版社，2009.

[34] 席勒.席勒美学文集 [M].张玉能，译.北京：人民出版社，2011.

[35] 许政涛，陈宪.幼儿教育观察指导 [M].上海：上海社会科学院出版社，1999.

[36] 阎水金.幼儿园管理大全 [M].成都：成都科技大学出版社，1994.

[37] 虞永平.幼儿园课程评价 [M].南京：江苏教育出版社，2009.

[38] 杜威.民主主义与教育 [M].北京：人民教育出版社，2001.

[39] 约翰逊.游戏与儿童早期发展：第 2 版 [M].华爱华，郭力平，译.上海：华东师范大学出版社，2006.

[40] 张文新.儿童社会性发展 [M].北京：北京师范大学出版社，1999.

[41] 中国学前教育研究会.中华人民共和国幼儿教育重要文献汇编 [M]. 北京：北京师范大学出版社，1999.

[42] 中央教育科学研究所学前教育研究室.幼儿园教育质量评价手册 [M]. 北京：教育科学出版社，2009.

[43] 朱家雄，华爱华.幼儿园环境与幼儿行为和发展的研究 [M]. 上海：世界图书出版公司，1996.

[44] 朱家雄.幼儿园课程的理论与实践 [M]. 上海：华东师范大学出版社，2010.

期刊论文

[45] Л.M.弗里德曼，杜殿坤.学习活动理论 [J]. 外国教育资料，1991（4）：8–12.

[46] 教育研究编辑部.2006 中国教育研究前沿与热点问题年度报告 [J]. 教育研究，2007，28（3）：3–16，29.

[47] 蔡晓良，庄穆.国外教育评价模式演进及启示 [J]. 教育科学文摘，2013（3）：27–28.

[48] 曹中平，蒋欢.游戏治疗的历史演变与发展取向 [J]. 中国临床心理学杂志，2005，13（4）：489–491.

[49] 陈会昌.儿童社会性发展的特点、影响因素及其测量——《中国 3—9 岁儿童的社会性发展》课题总报告 [J]. 心理发展与教育，1994（4）：1–17.

[50] 陈会昌.苏联心理学界对活动理论的近期讨论 [J]. 心理学报，1986（2）:215–223.

[51] 陈建翔，陈建淼."镜像教育"：一个教育新主题的开始——论镜像神经元的教育内涵及对教育变革与创新的启发 [J]. 教育科学，2011，27（5）：25–28.

[52] 陈学锋.儿童观点采择能力的发展 [J]. 心理发展与教育，1994（4）：37–39.

[53] 陈亚丽，尹志英，彭晓霞.多媒体技术在幼儿园美术教学中的应用 [J]. 中小学电教（下半月），2009（2）：29.

[54] 陈英和，王雨晴.幼儿元认知知识发展的特点 [J]. 心理与行为研究，2008，6（4）：241–247，254.

[55] 陈玉琨，戚业国，沈玉顺 . 论以培养创新精神为核心的素质教育及其要求 [J]. 教育理论与实践，1999（6）：12-17，21.

[56] 程晨，李姗泽 . 儿童幽默感的研究进展与未来展望 [J]. 学前教育研究，2015（9）：53-60.

[57] 程丽，蔡迎旗 . "国培计划"幼儿园骨干教师远程培训项目管理探析——以华中师范大学为例 [J]. 郑州师范教育，2015，4（5）：13-16.

[58] 邓玉堂 . 浅谈多媒体技术在幼儿园教学中的运用与思考 [J]. 学周刊 C 版，2014（8）：223.

[59] 丁海东 . 影响学前儿童游戏的物理环境因素 [J]. 山东师大学报（人文社会科学版），2001，46（5）：32-35，38.

[60] 丁月玲 . 幼儿园课程游戏化的推进策略 [J]. 学前教育研究，2015（12）：64-66.

[61] 董虫草，汪代明 . 虚拟论的游戏理论：从斯宾塞到谷鲁斯和弗洛伊德 [J]. 西南民族大学学报（人文社科版），2006（4）：224-228.

[62] 杜继纲 . 对"以游戏为基本活动"理念的历史与理论分析 [J]. 学前教育研究，2011（11）：23-29.

[63] 段文杰 . 正念研究的分歧：概念与测量 [J]. 心理科学进展，2014，22（10）：1616-1627.

[64] 方明生，李筱雨 . 百年回望：布鲁纳对皮亚杰与维果茨基的评价——《赞颂分歧：皮亚杰与维果茨基》解读 [J]. 全球教育展望，2014，43（10）：11-20，37.

[65] 方卫平 . "玩"的文学：幼儿文学的游戏性 [J]. 学前教育研究，2012（6）：3-7.

[66] 冯海伦，李宏龙 . 隐性课程发挥作用的心理学方式 [J]. 教育探索，2007（1）：112-113.

[67] 冯晖，王奇 . 试析教育评估专业化 [J]. 教育发展研究，2015，35（11）：5-9.

[68] 冯季林 . 游戏性体验：教师的一种精神追求 [J]. 教师教育研究，2008，20（1）：37-40，31.

[69] 高敬 . 国外早期教育机构质量评价研究述评及启示 [J]. 外国中小学教育，2011（8）：46-50.

[70] 高敬.早期教育机构质量的重要性、内涵与评价 [J].学前教育研究，2011（7）：14-19.

[71] 高强.游戏与知识：对胡伊青加游戏观的反思与发展 [J].体育与科学，2013，34（4）：48-53.

[72] 高双英，高双艳.教育哲学的创新——唯物主义价值复演论与教育 [J].牡丹江师范学院学报（哲学社会科学版），2005（5）：107-110.

[73] 高祥，孙亚娟.我国近十年幼儿园游戏研究述评 [J].上海教育科研，2013（1）：91-94.

[74] 耿薇.构建科学、专业的评价体系——美国托幼机构认证标准（2013版）述评 [J].世界教育信息，2014，27（24）：42-46.

[75] 龚柳娟，金浩，王滨.幼儿角色游戏水平及一般发展趋势的调查研究 [J].上海教育科研，1997（1）：47-48，50，9.

[76] 顾荣芳.试论幼儿健康教育的渗透与融合——兼议《纲要》幼儿健康教育思想的贯彻 [J].学前教育研究，2002（1）：14-16.

[77] 郭学毅.幼儿游戏分类及其对幼儿发展的影响 [J].内蒙古民族大学学报，2012，18（6）：102-103.

[78] 郭亦勤.《幼儿园教师专业标准》：专业化幼儿园教师队伍建设的依据 [J].学前教育研究，2012（12）：10-13，26.

[79] 郝琦，乐国安.表演式学习——表演理论对"最近发展区"的发展 [J].心理学探新，1999（2）：9-12，24.

[80] 何梦焱，刘焱.面向 21 世纪培养儿童的游戏性 [J].学前教育研究，1999（1）：21-24.

[81] 胡苏平.行为问题儿童的心理教育与治疗 [J].江西社会科学，1997（12）：50-52.

[82] 胡小勇，李丽娟.我国教育技术领域研究动态的可视化分析 [J].现代教育技术，2013（9）：17-20，28.

[83] 胡杨，董小玉.游戏的人与游戏精神：移动社交时代的"游戏化生存"[J].新闻界，2017（10）：73-77，102.

[84] 华爱华.介入和不介入都是教育干预的手段 [J].幼儿教育，2004（17）：26.

[85] 黄朝菁.关于在角色游戏中发挥幼儿主体性的思考 [J].学前教育研究，2001（4）：33.

[86] 黄瑾，田方.幼儿园半日活动情境下的师幼互动研究——基于 CLASS 课堂互动评估系统的观察分析 [J].上海教育科研，2012（10）：88-91.

[87] 黄凯.儿童剧与幼儿认知发展 [J].全球教育展望，2011，40（12）：47-54.

[88] 黄前程.中华传统文化创造性转化的理论基础、历史经验与当下思考 [J].贵州社会科学，2016（12）：92-97.

[89] 黄四林，韩明跃，张梅.人际关系对社会责任感的影响 [J].心理学报，2016，48（5）：578-587.

[90] 黄小莲.攻击与被攻击幼儿教育策略浅释 [J].学前教育研究，2006（6）：11-14.

[91] 黄玉娇.元交际游戏理论对幼儿社会观点采择的启示 [J].当代学前教育，2013（2）：8-11.

[92] 姬冰澌.唤醒同理心：教育为了美好生活 [J].教育实践与研究：小学版（A），2013（12）：5-7.

[93] 江夏.英国现行学前教育督导制度的内容、特点及其对我国的启示 [J].外国教育研究，2014，41（5）：50-57.

[94] 姜兰芳，许丽萍.幼儿个性和谐发展的内涵、途径与模式 [J].学前教育研究，2010（5）：69-72.

[95] 姜勇，李艳菊，黄创.3～6岁幼儿同伴交往能力影响因素模型 [J].学前教育研究，2015（5）：45-54.

[96] 姜勇，庞丽娟.幼儿园师生交往类型的研究 [J].心理科学，2004（5）：1120-1123.

[97] 蒋惠玲.大学内部治理中两种权力的契合——基于对美国私立大学的实证研究 [J].教育学术月刊，2015（12）：51-56，103.

[98] 蒋静.家园沟通的三点措施 [J].早期教育（教师版），2009（9）：29.

[99] 金吾伦.埃利斯的内在实在论 [J].自然辩证法通讯，1989（6）：1-8.

[100] 孔楠楠.幼儿园多媒体教学技术运用的利弊 [J].吉林教育，2013（23）：13.

[101] 兰哲，陈霖.视知觉大脑半球功能不对称性研究评述 [J].心理科学，1997（5）：446-449.

[102] 雷晓云.泰勒的课程评价模式述评 [J].课程·教材·教法，1989（4）：27-30.

[103] 李朝旭，冯文侣.社会助长研究的历史与现状（Ⅱ）[J].心理学动态，1999（4）：62-68.

[104] 李春良，张莉.大班幼儿判断游戏活动的依据——基于儿童视角的研究 [J].学前教育研究，2017（5）：23-34.

[105] 李大鹏，勾洋.阿奇舒勒创造性人格发展理论评述 [J].中国社会科学院研究生院学报，2016（3）：38-42.

[106] 李东林.从马斯洛高峰体验理论探讨儿童游戏[J].四川教育学院学报，2007（S1）：3-4,7.

[107] 李海燕，李国.两岸教师资格制度的比较审视 [J].当代教师教育，2012，5（4）：9-14,67.

[108] 李克建，胡碧颖，潘懿，等.美国《幼儿学习环境评价量表（修订版）》之中国文化适宜性探索 [J].幼儿教育（教育科学），2014（11）：3-8.

[109] 李敏.试论我国中小学生的"游戏权"[J].江西教育科研，2006（9）：53-55.

[110] 李敏谊，张晨晖.从布莱尔到布朗——英格兰幼儿教育和保育政策的发展历程与新进展 [J].外国教育研究，2010，37（9）：57-64.

[111] 李培美.幼儿园游戏活动现状的调查 [J].幼儿教育，1993（5）：9-10.

[112] 李文馥，徐建琴，杨文泽，等.幼儿园教师和家长的儿童绘画教育理念 [J].学前教育研究，2014（9）：14-21.

[113] 李晓霞.台湾地区职前幼儿师资培育的现状及趋势 [J].闽南师范大学学报（哲学社会科学版），2016，30（4）：71-77.

[114] 李雨泽.《红楼梦》中的游戏活动及其文学功能研究综述 [J].红楼梦学刊，2014（2）：294-312.

[115] 李云吾.教育信息化背景下教师文化与教师专业相生发展实践研究[J].中小学电教，2011，（1）：13-16.

[116] 理查德·谢克纳.人类表演学的现状、历史与未来 [J].戏剧艺术，2005（5）：4-9.

[117] 梁红京，马海涛.教学档案袋：一种可资借鉴的教学评价工具 [J].全球教育展望，2003，32（11）：52-55,58.

[118] 梁建，王重鸣.中国背景下的人际关系及其对组织绩效的影响 [J].心理学动态，2001，9（2）：173-178.

[119] 梁珊 . 新教师资格证考试背景下的高师学校学前教育课程改革路径——以徐州幼儿师范高等专科学校为例 [J]. 江苏幼儿教育，2014（3）：26-28，40.

[120] 林彬，程利国，李其维，等 . 儿童社会观点采择能力发展的干预研究 [J]. 心理科学，2003，26（6）：1030-1033.

[121] 刘国雄，方富熹，赵佳 . 幼儿对不同情境中的情绪认知及其归因 [J]. 心理学报，2006，38（2）：216-222.

[122] 刘霞 . 基于内容分析法的美国早期学习标准内容探析 [J]. 学前教育研究，2012（1）：49-59.

[123] 刘霞 . 托幼机构教育质量评价面面谈 [J]. 学前教育研究，2003，3（8）：55-56.

[124] 刘霞 . 幼儿园主题教育课程中主题网的功能与基本类型 [J]. 学前教育研究，2011（3）：35-37.

[125] 刘晓东 . 个体与类精神发生的一致性：历史线索与理论分析——兼论儿童的成长是对种系发生浓缩的扬弃的重演[J].华东师范大学学报(教育科学版），2000（4）：14-20，36.

[126] 刘晓燕 . 基于能力本位的学前游戏教学探索 [J]. 教育探索，2014（1）：74-75.

[127] 刘炎，李霞，朱丽梅 . 幼儿园表演游戏现状的调查与研究 [J]. 学前教育研究，2003（3）：32-36.

[128] 刘炎，潘月娟 .《幼儿园教育环境质量评价量表》的特点、结构和信效度检验 [J]. 学前教育研究，2008（6）：60-64.

[129] 刘焱 . 试论托幼机构教育质量评价的几个问题 [J]. 学前教育研究，1998（3）：14-17.

[130] 陆晓燕 . 皮亚杰认知发展游戏理论及启示 [J]. 文山师范高等专科学校学报，2008（3）：68-70.

[131] 陆永芬 . 现代化玩具三辨 [J]. 早期教育，2000（22）：4.

[132] 路程 . 多媒体教学在学前教育中的应用研究 [J]. 内蒙古师范大学学报（教育科学版），2013，26（10）：48-49.

[133] 吕晓，龙薇 . 维果茨基游戏理论述评 [J]. 学前教育研究，2006（6）：53-55.

基于 CIPP 的幼儿象征性游戏评价研究

[134] 马颖峰,白羽,刘敏娜.游戏持续行为研究及对教育游戏设计的启示 [J].电化教育研究,2014,35（11）：64-70.

[135] 潘月娟,刘焱,杨晓丽.幼儿园玩教具配备规范的内容与实效分析——以积木配备为例 [J].学前教育研究,2016（7）：13-21.

[136] 潘月娟,刘焱.美国托幼机构教育质量研究述评 [J].比较教育研究,2008（8）：39-43.

[137] 庞丽娟.《幼儿园教师专业标准》的研制背景、指导思想与基本特点 [J].学前教育研究,2012（7）：3-6.

[138] 祁岩.在游戏中培养幼儿的规则意识 [J].学前教育研究,2013（11）：69-71.

[139] 钱雨.美国学前教育课程评价研究项目的背景、内容、实施及其启示 [J].学前教育研究,2011（7）：20-25.

[140] 邱关军.从离身到具身：当代教学思维方式的转型 [J].教育理论与实践,2013,33（1）：61-64.

[141] 邱学青.对幼儿园游戏分类问题的思考 [J].学前教育研究,2000（3）：35-36.

[142] 邱学青.幼儿园处境边缘儿童游戏治疗的个案研究 [J].江西教育科研,2007（6）：79-81.

[143] 任春华.不同的认知发展观对教学的启示——试论皮亚杰与维果茨基认知发展观之异同 [J].前沿,2006（10）：68-70.

[144] 阮素莲.幼儿亲社会行为现状及其影响因素 [J].学前教育研究,2014（11）：47-54.

[145] 申荷永.论勒温心理学中的动力 [J].心理学报,1991（3）：306-312.

[146] 苏晓波.精神分析的过去、现在与未来 [J].The Chinese-German Journal of Clinical Oncology,2000（4）：190-191,212.

[147] 孙贺群,王小英.嬗变与走向：美国学前课程的历史转型及启示 [J].外国教育研究,2011,38（1）：51-56.

[148] 索长清,但菲.园长的专业训练办法——来自台湾地区的经验与启示 [J].幼儿教育：教育科学,2015（12）：29-33.

[149] 田立德.第五讲　幼儿意志情感的发展及品质培养 [J].教育探索,1985（5）：33-35.

[150] 田素娥，匡明霞．幼儿亲社会行为的培养策略［J］．学前教育研究，2012（10）：66-68.

[151] 王福兰，任玮．幼儿在园亲社会行为的观察研究［J］．学前教育研究，2006（Z1）：57-59.

[152] 王国芳．精神分析客体关系理论的进展路径［J］．南京师大学报（社会科学版），2012（1）：114-119.

[153] 王海静．我国学前教育评价研究的现状与启示［J］．内江师范学院学报，2011，26（1）：113-116.

[154] 王可，郭会萍．儿童假装游戏理论与相关研究［J］．心理研究，2009，2（5）：40-43.

[155] 王玲凤．幼儿情绪调节与"冷""热"抑制控制的发展特点［J］．学前教育研究，2013（3）：56-62.

[156] 王敏，吕静．儿童在认知物体时区分看见的和知道的观点采择能力发展的实验研究［J］．心理科学，1990（6）：8-13，65.

[157] 王娆，李宏超．皮亚杰认知发展游戏理论对儿童游戏之意义［J］．学理论，2013（32）：279-280.

[158] 王玮，沈中伟，王喆．幼儿园户外环境特征元素对儿童认知游戏行为的承载［J］．学前教育研究，2017（2）：42-52.

[159] 王小英，陈欢．基于儿童视角的幼儿园物质环境质量评价［J］．学前教育研究，2016（1）：19-29.

[160] 王小英．"无为而为"的游戏活动与幼儿创造力的发展［J］．东北师大学报（哲学社会科学版），2006（4）：149-154.

[161] 王永刚．我国近十年成人教育研究的热点主题与演进趋势——基于对刊载于 CNKI 数据库的 1945 篇文献的可视化分析［J］．成人教育，2017，37（4）：1-6.

[162] 王振宇，程洁．什么是游戏——儿童发展与游戏理论探析［J］．学前教育，2016（9）：3-7.

[163] 魏洪鑫，丁海东．幼儿在园一日活动中违反规则的体验与反思——于6则案例的教育现象学分析［J］．学前教育研究，2011（11）：36-39.

[164] 魏婷，李艺．教育游戏参与者行为意向影响因素的实证研究［J］．电化教育研究，2011（4）：81-87.

[165] 魏星，吕娜，纪林芹，等 . 童年晚期亲社会行为与儿童的心理社会适应 [J]. 心理发展与教育，2015，31（4）：402-410.

[166] 吴凡 . 芬兰幼儿园质量评价简介及启示 [J]. 山东教育，2010（18）：11-13.

[167] 吴钢 . 我国幼儿园教育质量评价研究的回顾与展望 [J]. 现代基础教育研究，2011，4（4）：46-50.

[168] 吴航，黄文婷 . 台湾地区《补助办理公私立幼稚园辅导计划》及其对大陆地区学前教育发展的启示 [J]. 幼儿教育：教育科学，2015（9）：23-27.

[169] 吴荔红，曹楠 . 幼儿园骨干教师培训中的问题审视与创新路径 [J]. 教育评论，2017（8）：127-130.

[170] 吴梦斯，李克建 . 浙江省域学前教育质量特征分析及政策建议 [J]. 幼儿教育：教育科学，2017（7）：39-46.

[171] 武建芬 . 幼儿同伴交往对其心理理论发展的影响 [J]. 学前教育研究，2007（4）：9-13.

[172] 郗浩丽 . 儿童心理发展中的"过渡客体"[J]. 教育学术月刊，2008（5）：6-8.

[173] 席海燕 . 游戏：想象与规则发展的场域——维果茨基的游戏观透视 [J]. 学前教育研究，2015（4）：9-14.

[174] 向海英 . 课程标准化：学前教育质量提升的保障或藩篱——评《美国学前教育课程标准的实践与思考》[J]. 中国教育学刊，2017（4）：I0019.

[175] 项宗萍 . 从"六省市幼教机构教育评价研究"看我国幼教机构教育过程的问题与教育过程的评价取向 [J]. 学前教育研究，1995（2）：31-35.

[176] 肖远军 .CIPP 教育评价模式探析 [J]. 教育科学，2003，19（3）：42-45.

[177] 熊华军 . 马斯洛"创造性理论"与学生创造性的培养 [J]. 中国职业技术教育，2005（2）：38-40.

[178] 宿孝清 . 幼儿园环境创设对提升幼儿能力的思考 [J]. 山东教育，2017（35）：59.

[179] 徐雪，胥兴春 . 基于心理理论的幼儿同伴交往策略指导探析 [J]. 教育探索，2015（2）：40-43.

[180] 许晓蓉.幼儿园生态化教学的特点与实践策略[J].学前教育研究，2012（5）：61–63.

[181] 薛二勇，高莉.城镇化进程中教师队伍建设的体制机制与政策创新——"庆祝第三十个教师节暨2014·中国教师发展论坛"会议综述[J].教师教育研究，2015，27（1）：109–112.

[182] 闫守轩.游戏：本质、意义及其教学论启示[J].教育理论与实践，2002，22（5）：53–55.

[183] 阎平，曹爽英.幼儿教师组织指导幼儿角色游戏应具备的能力素质[J].学前教育研究，2007（9）：31–32.

[184] 颜荆京，汪基德，蔡建东.幼儿园园长信息化领导力现状与提高策略[J].学前教育研究，2015（10）：41–49.

[185] 杨虎民.儿童游戏理论的历史发展及其分析研究[J].赤峰学院学报（自然科学版），2014，30（10）：118–119.

[186] 杨慧慧，石向实，郑莉君.皮亚杰儿童认识发展理论述评[J].前沿，2007（6）：55–57.

[187] 杨丽珠，邹晓燕，朱玉华.学前儿童在游戏中社交和认知类型发展的研究——中美跨文化比较[J].心理学报，1995（1）：84–90.

[188] 杨俐.现代社会与儿童玩具的功能变迁[J].南通大学学报（教育科学版），2008（1）：68–70.

[189] 杨宁.皮亚杰的游戏理论[J].学前教育研究，1994（1）：12–14.

[190] 杨文.当前幼儿园环境创设存在的问题及解决对策[J].学前教育研究，2011（7）：64–66.

[191] 杨兴国.艾里康宁游戏理论述评[J].四川职业技术学院学报，2010，20（2）：82–83.

[192] 杨一帆.浅析皮亚杰认知发展游戏理论[J].科技经济导刊，2016（32）：116–117.

[193] 姚琦，乐国安.动机理论的新发展：调节定向理论[J].心理科学进展，2009，17（6）：1264–1273.

[194] 姚伟，索长清.儿童启蒙教育意义的现代探寻[J].东北师大学报（哲学社会科学版），2013（5）：177–180.

[195] 叶子，庞丽娟.论儿童亲子关系、同伴关系和师生关系的相互关系[J].心理发展与教育，1999（4）：50–53，57.

[196] 易进.儿童社会支持系统——一个重要的研究课题[J].心理发展与教育，1999（2）：59-62.

[197] 袁玉琢，孟乐，李朝旭.他人成绩水平对个体工作绩效的影响——基于社会助长理论视角[J].社会心理科学，2016，31（3）：66-72.

[198] 张博.幼儿园教育中不同活动背景下的互动行为分析[J].学前教育研究，2005（2）：17-20.

[199] 张凡.儿童为什么游戏，一个还在争论的问题——认知发展学派的游戏理论解读[J].亚太教育，2016（1）：14-15.

[200] 张海钟.教师资格证书考试制度改革与教师教育专业的培养模式改革[J].教育文化论坛，2014，6（6）：42-46.

[201] 张建琴.因果力与倾向性[J].科学技术哲学研究，2017，34（3）：24-29.

[202] 张剑，郭德俊.创造性与环境因素关系的社会心理学理论[J].心理科学，2003（2）：263-267.

[203] 张洁.示范性幼儿园的示范性表现及其发挥途径[J].学前教育研究，2011（6）：70-72.

[204] 张兰萍，周晖.幼儿基于信息判断的选择性信任——与亲社会行为及决策判断的关系[J].心理发展与教育，2011，27（1）：71-75.

[205] 张莉，王晓龄.影响学前儿童空间观点采择能力的因素研究[J].教育研究与实验，2008（6）：68-72.

[206] 张茝颖，张世锋.英国开展儿童户外游戏的理论与实践[J].学前教育研究，2010（8）：60-63.

[207] 张璐璐，高东慧.班级幼儿同伴交往的特点与原因分析[J].学前教育研究，2015（4）：64-66.

[208] 张珊明.国外有关儿童游戏的文化研究概述[J].比较教育研究，2005，26（11）：19-23.

[209] 张世英.A.H.列昂节夫的科学活动[J].心理学报，1980（4）：453-459.

[210] 张天军.提升幼儿教师游戏指导策略探究[J].内蒙古师范大学学报（教育科学版），2014，27（5）：42-44.

[211] 张未.游戏现象与几种类型的定义[J].新美术，2016，37（2）：37-49.

[212] 张文新，张福建.学前儿童在园攻击性行为的观察研究[J].心理发展与教育，1996（4）：18-22，34.

[213] 张晓蕾. 英国基础教育质量标准《国家课程》及监控系统 [J]. 全球教育展望，2012，41（5）：42-48.

[214] 张晓梅. 游戏中儿童的规则意识及自我控制能力培养 [J]. 大庆师范学院学报，2011，31（1）：144-146.

[215] 张晓明. 教学目标分类的理论与实践探微 [J]. 教育探索，1996（3）：5-8.

[216] 张亚军，陈群. 从不同类型幼儿园经费收支状况看城市学前教育的发展 [J]. 学前教育研究，2011（1）：34-39.

[217] 张永飞. 多媒体技术在幼儿园教学中的应用现状研究——以云南大理市为例 [J]. 中小学电教，2010（11）：9-11.

[218] 张元. 试析影响幼儿班级中同伴互动的外部因素 [J]. 山东教育，2002（Z6）：20-21.

[219] 赵俊芳，姜帆.《现代大学教育》的文献计量与科学知识图谱研究 [J]. 大学教育科学，2014，1（1）：115-123.

[220] 郑玉玲. 皮亚杰游戏理论对幼儿教育的借鉴意义 [J]. 漳州师院学报，1995（3）：60-64.

[221] 周朝森. 教育评价理论的新探索——美国"第四代教育评价"述评 [J]. 教育研究，1992（2）：51-54.

[222] 周婧炜，徐伟清，朱振华. 幼儿入园适应障碍干预的研究现状 [J]. 中国校医，2011，25（9）：709，711.

[223] 周丽华，曹中平，苏林雁. 游戏情境中幼儿的同伴交往策略系统 [J]. 学前教育研究，2012（4）：36-40.

[224] 周少贤，陈尚宝，董莉，等. 3—6 岁幼儿独立性和自我控制的发展特点及家庭影响因素 [J]. 学前教育研究，2004（11）：42-45.

[225] 周宜君，黄蓉，曹诗图. 论传统儿童游戏的旅游价值及其保护性开发 [J]. 中华文化论坛，2011（1）：154-158.

[226] 朱丽丽. 国家教委举办幼儿园园长岗位培训教材培训班 [J]. 幼儿教育，1998（3）：25.

[227] 朱莉琪，方富熹. 学前儿童"朴素生物学理论"发展的实验研究——对"生长"现象的认知发展 [J]. 心理学报，2000，32（2）：177-182.

[228] 朱小蔓，张男星. 一丛能在异国开花的玫瑰——苏霍姆林斯基教育思想在当代中国的传播与生长 [J]. 北京大学教育评论，2006（2）：

基于 CIPP 的幼儿象征性游戏评价研究

110–125，192.

[229] 祝叶. 经典游戏理论综述 [J]. 科技创新导报，2009（30）：171–172.

学位论文

[1] 董素芳. 美国 0–3 岁早期教养人员从业资格的制定及对我国启示的研究 [D]. 上海：华东师范大学，2014.

[2] 吴航. 游戏与教育——兼论教育的游戏性 [D]. 武汉：华中师范大学，2001.

[3] 夏媛媛. 河南省民办幼儿园游戏活动开展现状调查研究 [D]. 开封：河南大学，2012.

英文文献

[1] MalhotrA A，Poovaiah R. Developing young thinkers：an exploratory experimental study aimedto investigate design thinking and performance in children[M]. New Delhi：Springer India，2013.

[2] Alhussayen A，Alrashed W，Mansor E I. Evaluating the user experience of playful interactive learning interfaces with children[J].Procedia Manufacturing，2015，3（C）：2318–2324.

[3] Derntl B，Finkelmeyer A，Timur K，*et al*. Generalized definit in all core components of empathy in schizophrenia [J]. Schizophrenia Research，2009（108）：1–3.

[4] Laetz B. Kendall walton's "categories of Art"：a critical commentary[J].The British Journal of Aesthetics，2010，50（3）：287–306.

[5] Josephg E，Strain P S. Comprehensive evidence–based social emotional curricula for young children: an analysis of efficacious adoption potential[J]. Topics in Early Childhood Special Education，2003，23（2）：62–73.

[6] Reed C N，Dunbar S B，Bundy A C. The effects of an inclusive preschool experience on the playfulness of children with and without autism[J]. Physical & Occupational Therapy in Pediatrics，2009，19（3–4）：73–89.

[7] Chiarello L A，Huntington A，Bundy A. A comparison of motor behaviors，interaction，and playfulness during mother–child and father–child play with children with motor delay[J]. Physical & Occupational Therapy in Pediatrics，2006，26（1–2）：129–151.

参考文献

[8] Trevlas E, Matsouka O, Zachopoulou E. Relationship between playfulness and motor creativity in preschool children[J]. Early Child Development and Care, 2003, 173（5）: 535–543.

[9] Mooney E L, Gray K M, Tonge B J, et al. Factor analytic study of repetitive behaviours in young children with pervasive developmental disorders[J]. Journal of Autism and Developmental Disorders, 2009（5）: 765–774.

[10] Zachopoulou E, Trevlas E, Tsikriki G. Perceptions of gender differences in playful behaviour among kindergarten children[J].European Early Childhood Education Research Journal, 2004, 12（1）: 43–53.

[11] González–rey F. A re–examination of defining moments in vygotsky's work and their implications for his continuing legacy[J]. Mind, Culture, and Activity, 2011（3）: 257–275.

基于CIPP的幼儿象征性游戏评价研究